두바이, 기적의 리더십

Copyright ⓒ 2006, 최홍섭

이 책은 W미디어가 발행한 것으로
본사의 허락없이 이 책의 일부 혹은
전체를 복사하거나 전재하는 행위를 금합니다.

# 두바이, 기적의 리더십

W미디어

■■■ 머리말

정말 모든 길은 두바이로 통하는 것일까.

두바이는 영웅이 없는 21세기에 세계 최고의 화두가 되고 있다. 현대가 바라는 영웅의 조건을 두바이는 고루 갖추고 있다. 영웅이란 무(無)에서 유(有)를 창조해 내는 능력을 보여주어야 한다. 아무 것도 보이지 않는 황량한 사막, 몇 년만 퍼내면 고갈될 것이 뻔히 예견되는 석유 매장량, 30만 명도 채 되지 않는 인구, 게다가 중동 지역이면서도 볼 만한 역사적 유적지 하나 없다. 이렇게 보잘 것 없는 불모지의 나라가 '세계 최대, 세계 최고, 세계 최초'를 외치며 전 세계의 이목을 끌어당기는 기적을 만들어 내고 있다.

하지만 두바이가 세계적인 주목을 받는 것은 단순한 물량적 성장 때문이 아니다. 두바이에서는 자그마한 건물 하나, 도시 곳곳의 골목에서도 온갖 상상력과 창의력이 번득인다.

그런 점에서 두바이는 홍콩이나 싱가포르, 라스베이거스를 모두 비웃는다. 두바이는 다른 도시와 국가가 감히 엄두도 못내는 창의력과 역발상으로 전 세계 금융과 물류와 관광과 엔터테인먼트와 언론, 심지어 고급문화까지 모두 끌어 모으겠다는 야심을 실천해 나가고 있다. 사막에서 즐기는 스키장을 누가 쉽게 상상할 수 있었겠는가.

이 모든 과정에는 '기적의 리더십'이 있다. 상상을 초월하는 두바이

의 건축물이 있기 이전에 이미 상상을 뛰어넘는 리더십이 존재하고 있었다. 바로 슈퍼국가 건설의 꿈을 가지고 있던 아버지의 뜻을 이어받은 셰이크 모하메드 지도자의 리더십이다.

그는 영국을 비롯하여 여러 나라에서 글로벌 지도자 수업을 받았다. 아랍인의 피가 흐르면서도 미국에 대한 이해가 누구보다 높았고, 미국을 활용하기 위해 아랍권 내부에서 비판받을 정도로 친미 정책을 시행해 왔다. 왜? 지도자란 나라를 살리고 부흥시킨다면 어떤 길도 외면하지 않기 때문이다.

셰이크 모하메드 지도자는 말을 많이 하지 않는다. 하지만 입만 열었다 하면 승리와 희망의 메시지가 나온다. 애당초 불가능하다는 식의 체념이나, 남을 우습게 여기는 비아냥이나, 자신의 책임을 전가하려는 변명은 그의 입에서 나오지 않는다. 오직 그에게는 미래를 향한 비전만이 있을 뿐이다. 허구한 날, 토론만 하자고 나서지 않는다.

일단 결정된 사안은 일사천리로 밀어붙인다. 스피드만이 현대 경영의 생명임을 셰이크 모하메드는 잘 알고 있다. 그리고 본질을 중시한다. 쓸데없는 행정규제가 국가발전이란 본질을 해친다고 판단하면 두말없이 규제를 없앤다. 정말 그는 짐 콜린즈의 지적대로 '크고 대담한 목표'를 세워놓고 국민을 이끌고 있다. 오늘날 천지개벽 중인 두바이의 힘은 바로 셰이크 모하메드의 리더십과 상상력에서 나왔다. 세계 최고층 빌딩이나 세계 최고급 호텔이나 인공 섬이나 모두 곳곳에 지도자의 영민한 아이디어가 번득인다.

그런 지도자와 리더십을 우리는 그리워하고 부러워한다. 이 책은 그런 바탕 위에서 만들어졌다. 두바이는 전 세계의 금융과 물류와 지식의 중심지가 되기 위해 총력을 기울여 왔다. 문자 그대로 '세계의 허브'가 되고 있다. 하지만 우리는 입으로 '동북아 허브'가 되겠다고 오랫동안 부르짖고 있지만, 비전도 없고 구체적인 실행계획도 찾아보기 어렵다. 두바이 앞에선 부끄럽기만 하다.

물론 두바이도 문제점이 많다. 어느 곳이든 완전한 나라나 정책은 없다. 두바이에도 부동산 버블에 대한 불안과 외국인 근로자에 대한 우려가 도사리고 있다. 하지만 단기간에 눈부신 성장을 해온 두바이의 능력을 감안하면, 그리고 아직도 맹활약하고 있는 지도자 셰이크 모하메드를 바라보면 그런 걱정은 기우라는 것을 알 수 있다.

필자가 이 책을 펴내게 된 것은 2006년 5월의 두바이 출장이 계기가 되었다. 찬찬히 현지를 훑어보면서 여러 번 감탄했다. 그리고 그것을 정리하고 싶었다. 물론 조선일보와 주간조선을 비롯하여 각종 매체와 논문에서 나온 두바이 관련 보도와 자료를 기본으로 했다. 따라서 저

　자의 독창적인 부분은 그리 많지 않다. 다만 이 책의 주제인 두바이의 리더십에 대한 견해는 나름대로 펼쳐 보았다. 아직 우리나라에 두바이에 대한 변변한 기본서적조차 없는 상태에서 이 책이 'Introduction' 역할이라도 할 수 있다면 큰 기쁨이 될 것이다.

　이 책을 펴내면서 우선 전능하신 하나님께 감사와 영광을 돌린다. 그리고 조선일보의 방상훈 사장님을 비롯하여 김문순 전무님, 변용식 이사님, 강천석 이사님, 송희영 편집국장님, 김종래 출판국장님, 신재민 주간조선 편집장님, 김영수 산업부장님 등 여러 선후배들께도 감사를 드린다. 직접 기사를 제공해주신 이거산 선배, 차학봉 후배, 신경원 후배에게는 특별한 고마움을 전한다. 에미레이트 항공과 이상진 한국 지사장님은 귀한 자료와 사진을 제공해 주셨다. 무엇보다 책을 펴내느라 수고하신 박영발 W미디어 대표의 얼굴은 상당 기간 잊지 못할 것이다. 마지막으로 곁에서 "두바이가 그렇게 대단해요"라며 격려를 아끼지 않은 아내 김혜원과 아들 최수빈에게도 고마움을 전한다.

2006년 7월 31일<br>
최홍섭

■■■ 차례

머리말-4

## 제1장 셰이크 모하메드의 리더십
1. 비전과 실천력 갖춘 천재적 CEO형 지도자...13
2. 셰이크 모하메드의 리더십으로부터 배운다...27

## 제2장 두바이의 기적
- 두바이의 초대형 프로젝트...39
1. 버즈 두바이...46
2. 버즈 알 아랍...68
3. 팜 아일랜드...73
4. 더 월드...76
5. 두바이랜드...78
6. 스키 두바이...81
7. 하이드로폴리스...86
8. 에미레이트 골프 클럽...88
9. 시티...91

## 제3장 모든 항로는 두바이로 통한다
   1. 두바이의 부자 마케팅...97
   2. 두바이의 홍보 전략...102
   3. 두바이의 물류 전략...106
   4. 두바이의 허브 전략...112

## 제4장 우리가 가야 할 길을 앞서 간 두바이
   - 벤치마킹해야 할 두바이의 성공 전략...123

## 제5장 두바이의 한국 기업
   - 두바이를 누비는 한국 기업들...139

## 제6장 두바이의 빛과 그림자
   - 두바이, 초고속 성장의 그늘...157


부록: 두바이 여행정보...165

DUBAI  Chapter 1

# 셰이크 모하메드의 리더십

셰이크 모하메드의 위대한 리더십이 돋보이는 것은 그가 행정규제로는
경제발전을 기할 수 없다는 점을 간파하고 있었다는 데 있다.
그는 평소 "두바이에서는 실패를 제외한 모든 것이 가능하다"면서 규제철폐에 총력을 기울였다.
그 결과 지난 10년간 두바이의 국내총생산(GDP)은 80억 달러에서 200억 달러로 폭증했다.

# 1. 비전과 실천력 갖춘 천재적 CEO형 지도자

아라비아 반도의 동쪽 끝부분에 자리 잡은 UAE(아랍에미리트연합국)의 두바이는 요즘 세계의 화두가 되고 있다. 두바이는 고유가로 팽창하는 중동의 오일달러를 블랙홀처럼 빨아들이면서 환상적인 변신을 거듭하고 있다.

석유 한 방울 나지 않는 우리에겐 '두바이유(油)'라는 이름 정도로만 알려졌던 이곳은 이제 '중동의 싱가포르'로 자리매김하면서 전 세계의 벤치마킹 대상이 되고 있다. 두바이의 불모지 사막은 이제 젖과 꿀이 흐르는 오아시스로 변화되고 있다.

두바이에서는 무조건 세계 최대, 세계 최초, 세계 최고다. 전 세계 타워크레인의 20% 가까이가 몰려 매일 수십 층이 올라가고, 수십 미터의 도로가 새로 깔리고 있다.

이러한 두바이의 천지개벽은 1990년대부터 두바이 왕세자로서 실질

버즈 알 아랍 호텔 입구에 걸려있는 두바이 지도자들의 초상화. 맨 오른쪽이 셰이크 모하메드 지도자다

적으로 두바이를 통치해 왔으며, 2006년 1월 4일 셰이크 막툼이 세상을 떠나면서 공식적으로 두바이의 지도자가 된 셰이크 모하메드의 진두지휘에 따라 진행되고 있다.

그는 현재 세계 리더십 전문가가 주목하는 인물이 됐다. 국가적 리더십 결핍의 시대에 살고 있는 우리나라에서도 그의 리더십에 찬사를 보내는 사람이 많다.

두바이에서는 공식적으로 셰이크 모하메드를 표현할 때 'UAE Vice President and Prime Minister and Ruler of Dubai His Highness Sheikh Mohammed bin Rashid Al Maktoum' 이라고 적는다. 굳이 번역하자면 'UAE의 부통령이자 수상이며 두바이의 지도자인 셰이크 모하메드 빈 라시드 알 막툼 전하' 정도가 되겠다.

…당신의 눈망울 속에 나를 담아주세요
그 눈망울 속에서 살 수 있도록
어쩔 수 없더라도 그 눈 깜빡이지 마세요
당신에게 잡혀 있는 나를 떨어뜨리지 마세요
슬프더라도 눈물 흘리지 마세요
그 눈물이 홍수되어 쏟아지면 나도 함께 쓸려가 버리니까요…

오늘날 두바이라는 '꿈의 나라'가 건설된 이면에는 무슨 딱딱하고 거창한 국가 발전 리포트가 아니라 바로 이 같은 시(詩)적 상상력과 창의력이 자리 잡고 있다. '당신의 눈망울 속에 나를 담아주세요(Place me in your eyes)'란 제목의 이 시를 지은 작가는 바로 셰이크 모하메드 지도자다.

그는 어릴 때부터 시와 함께 자랐으며, 지금도 시를 통해 영감과 상상력을 얻는다고 했다. 현재 두바이에서 진행되는 온갖 기발한 이벤트와 건축물은 바로 그의 또 다른 시작(詩作)인 셈이다.

그의 다른 시를 보면 국가 개조에 대한 의지가 잘 나타난다.

…누구든 간구하는 자는 열심히 헌신할 지라
영광은 오늘에 있나니
지난날의 영광은 잊어버려라
고난을 사랑하기에 어려움이 밀려올수록 난 의기양양하리라
고난은 나의 친구이기에 기꺼이 맞아들이리라…

형과 대화를 나누고 있는 셰이크 모하메드 지도자(왼쪽)

셰이크 모하메드는 '도전(Challenge)'이란 제목의 이 시에서 두바이를 향한 자신의 의지를 묘사했다.

1995년 그가 왕세자로 지명된 뒤 10년 동안 두바이는 혁명적인 개조(改造)의 길을 걸어왔다. 독불장군식 밀어붙이기론 아무 것도 할 수 없다고 판단한 그는 세계를 '유혹'하기로 결정한다. 그의 전략은 성공했고, 지난 10년간 두바이의 명목 국내총생산(GDP)은 80억 달러에서 200억 달러로 폭증했다.

이는 두바이의 석유 부존량이 2020년쯤이면 바닥날 것으로 판단한 지도자 셰이크 모하메드가 관광, 금융, 무역, 엔터테인먼트, 전시회 등의 아이디어로 승부를 건 결과다.

'두바이의 CEO'인 셰이크 모하메드는 현실을 냉철하게 진단하는 통찰력, 도전과 모험정신으로 미래를 내다보고 발전상을 머리에 그릴 줄 아는 상상력, 불가능은 없다는 자세로 일사천리 밀어붙이는 실천력 등 리더십의 3대 조건을 고루 갖추고 있는 지도자다.

셰이크 모하메드는 1949년 셰이크 라시드(Sheikh Rashid bin Saeed Al Maktoum)의 네 아들 중 셋째로 태어났다. 어릴 때부터 매우 활동적이어서 걸음마를 익히자마자 집안의 모래 정원에서 공을 차곤 했다. 이후 자라면서 그는 아랍 전통 스포츠인 매 사냥과 승마를 배웠다. 그는 "내 피 속에는 말에 대한 본능적인 사랑이 흐르고 있다"고 자주 말했으며, 그런 열정으로 직접 수차례 국제승마대회에서 우승했을 뿐 아니라 오늘날 두바이를 세계 제일의 경마국가로 만들었다.

### 케임브리지 벨 스쿨서 영어 배워

6세 때 데이라에 있는 알 아미디어란 초등학교에서 학교생활을 시작한 그는 영어, 아랍어, 수학, 지리 등을 두루 익혔다. 1958년 9세 때 할아버지인 셰이크 자예드가 죽고, 아버지인 셰이크 라시드가 지도자가 됐다. 셰이크 라시드는 오늘날 두바이 혁명의 선구자라고 할 수 있으며, 그의 뒤를 이어 아들인 셰이크 모하메드가 아버지의 뜻을 완성시키고 있다고 보면 된다.

셰이크 라시드는 제왕학(帝王學) 차원에서 아들 중에서 가장 영특한 셰이크 모하메드로 하여금 은행원, 건축가, 상인, 학자 등 다양한 엘리트 집단과 자주 만나도록 배려했다.

1965년 두바이에서 정규 학교 과정을 모두 마친 셰이크 모하메드는 이듬해 아버지의 지시로 영국으로 건너간다. 그는 케임브리지에서 유명한 영어학원인 벨(The Bell) 스쿨을 다니며 영어를 배우고, 각국에서 온 친구와 사귀게 된다. 틈틈이 쌓아온 승마 실력으로 1967년 승마대회에도 처음 출전했다.

1968년 단순한 토후국에 불과했던 두바이와 아부다비 등이 힘을 합쳐 UAE란 연방제 국가를 출범시키자 셰이크 라시드는 아들을 다시 영국으로 보낸다. 런던에서 남쪽으로 40마일 정도 떨어진 앨더샷에 있는 '몬스 사관학교'에서 6개월 동안 군사훈련을 받은 그는 우수한 성적으로 졸업하게 된다.

귀국한 그는 첫 번째 공직인 두바이 경찰국장 자리를 맡았고, 1971년에는 22세의 나이에 세계 최연소 국방장관 자리에 올랐다. 이후 아랍국가의 이스라엘 침공, 두바이 국제공항에서 벌어진 비행기 납치사건 등을 잇달아 처리하면서 그는 국제적인 실무 감각을 키웠다. 매번 자신감과 단호함과 상상력을 동원하는 그를 보고 아버지와 형은 무제한의 신뢰를 보내기 시작한다.

1990년에는 아버지가 사망하고, 1995년에는 당시 두바이 지도자이자 셰이크 모하메드의 맏형인 셰이크 막툼이 가장 영특한 동생인 셰이크 모하메드를 미리 차기 지도자로 지명한다. 사실상 실권을 장악한 셈이다.

그는 이때부터 고기가 물을 만난 듯 온갖 혁신적인 국가 건설 아이디어를 내놓는다. 차기 지도자로 지명되자마자 그는 두바이의 21세기 비전을 발표했다.

그는 언론 인터뷰에서 "전속력으로 달리는 일만 남았다(It will be full

개발되기 이전의 두바이 모습

speed ahead)"고 말했다. 그는 "몇 년 있으면 바닥날 석유만 믿고 있을 수 없다. 석유 이외에서 돈을 벌어야 한다. 그것도 신속하고 획기적으로 벌어야 한다"고 선언했다.

셰이크 모하메드는 이후 통치체제가 흔들릴 위기가 닥칠 때마다 "나는 먼저 상황을 지켜본다. 그리고 사람들 표정을 읽고 결정 내린다. 하지만 전광석화처럼 움직여야 한다"고 부하들에게 말했다.

### 새롭고 기발한 아이디어에 굶주려

사실 두바이에서 1966년 석유를 발견했을 때 장차 닥쳐올 석유 고갈을 먼저 걱정한 것은 셰이크 모하메드의 아버지인 셰이크 라시드였다.

두바이의 석유 매장량은 40억 배럴로 UAE 전체의 982억 배럴과 비교하면 어림도 없는 수준이었다. 이런 상황에서 셰이크 라시드는 냉철한 통찰력과 지도력으로 석유 수입을 가지고 학교·병원·도로 등 각종 인프라를 건설하는데 투입했다.

이를 이어받은 셰이크 모하메드도 1996년에 '2011년까지 100% 탈(脫)석유 경제구조를 만들자'는 정책을 마련했다. 당시 그가 마련한 정책의 제목은 'Dubai Strategic Development Plan Into 21st Century'였다. 골자는 이런 것이었다.

석유의존 경제구조로부터 완전 탈피, 2011년까지 GDP 중 비(非)석유산업의 구성 비율을 100%로 확대, 노동집약적 산업보다는 자본집약적 산업 육성을 통한 외국 노동력 유입 억제, 민간분야 투자여건 개선, 교통·통신 등 사회간접자본에 대한 투자 확대, 각종 경제통계 체계화 추진 등이다. 실제로 오늘날 두바이 GDP(국내총생산)의 93%가 무역·관광·부동산·건설·금융·서비스 등 비(非)석유 분야에서 나올 정도로 그의 계획은 성공적으로 진행됐다.

당초 그의 아버지 셰이크 라시드가 착안한 두바이의 미래상은 관광과 서비스 산업의 중심지로 싱가포르와 미국의 마이애미, 프랑스의 생트로페가 융합된 도시였다.

아라비아와 이란, 이라크 등을 잇는 중개지로서의 전략도 세웠다. 이런 전략이 성공하려면 외국인이 편리함을 느낄 시스템을 갖춰야 하는데, 그래서 구상한 것이 인공 신도시였다.

셰이크 라시드는 30년 전에 건축사, 기술자 그리고 비서진을 대동하고 사막의 황무지를 걸어 다니며 조사했다고 한다. 간혹 그는 한 자리

천지개벽이란 표현처럼 곳곳에 타워크레인이 올라가 있는 두바이의 건설현장

에 서서 지팡이를 모래에 꽂고는 "언젠가 여기에 들어설 항구가 보고 싶다"고 말했다고 한다.

그 꿈을 아들인 셰이크 모하메드가 완성시켰다. 오늘날 두바이 중심부에서 30km 떨어진 제벨알리 자유지역에는 세계 최대 수준의 인공항구가 조성되어 있다.

두바이는 이렇게 선왕(先王) 라시드와 그의 아들 모하메드의 의지와 지혜가 융합되어 만들어진 셈이다. 셰이크 모하메드는 평소 "내게 가장 큰 영향을 끼친 존재는 아버지이며, 그로부터 무슨 결정을 내릴 때 인내심과 신중함을 배웠다"고 말했다. 하지만 아들은 아버지보다 무엇이든 한 발 더 앞서 나갔다.

두바이 시내 전경

### 전문가 2000명으로 싱크탱크 구축

셰이크 모하메드의 위대한 리더십이 돋보이는 것은 그가 행정규제로는 경제발전을 기할 수 없다는 점을 간파하고 있었다는 데 있다. 그는 평소 "두바이에서는 실패를 제외한 모든 것이 가능하다"면서 규제철폐에 총력을 기울였다. 그는 2004년 5월 16일 세계경제포럼(WEF)에 참석하여 "불가능이란 단어는 지도자의 사전에 들어있지 않습니다. 도전이 얼마나 크다 해도, 강력한 믿음과 결단력과 결의는 불가능을 극복할 것입니다"라고 말했다.

셰이크 모하메드는 그런가 하면 인터넷 시티, 미디어 시티 등 다양한 형태의 자유지역(Free Zone)을 지정하여 마이크로소프트, 시스코, CNN, 로이터 등 세계적인 업체를 마음껏 끌어들이는 데 성공했다. 또 현재 두바이에는 용적률(容積率)이나 층고(層高) 제한이 거의 없어 건축업체에는 천국이나 다름없다.

어디 그뿐인가. 시적인 상상력을 바탕으로 한 그의 아이디어는 멈출 줄 몰랐다. 비수기 세계 부자의 돈을 끌어들일 목적으로 1월 중순부터 2월 중순까지 '두바이 쇼핑 페스티벌'이란 대대적인 바겐세일 행사를 진행하고, 6월부터 8월까지도 이와 비슷한 '두바이 여름 깜짝 세일 축제'를 개최한다.

인공 섬, 버즈 두바이 등 세계를 깜짝 놀라게 하는 프로젝트를 잇달아 내놓았고, 지금도 늘 새로운 아이디어가 넘치고 있다.

셰이크 모하메드는 "미래를 바꾸려고 시도하지 않는 사람은 과거의 노예 상태로 머무르게 될 것"이라고 외쳤다.

삼성경제연구소는 그러한 두바이 리더십의 비결을 미래를 내다보는 예측력, 불가능한 꿈을 실현 가능한 비전으로 제시하는 능력, 치밀한 단계별 마스터플랜 작성, 신속한 의사결정, 반대를 돌파하는 강한 실천력 등으로 요약했다.

셰이크 모하메드를 얘기하면서 반드시 빼놓을 수 없는 것이 바로 그의 뒤에서 온갖 실천 아이디어를 제시하는 싱크탱크다. 그는 "우리는 비전에 의해 움직이고 용기를 가지고 있다. 내 뒤에는 열심히 일하는 젊은 싱크탱크가 있다. 내가 아이디어와 목표를 제시하면 그들은 실행에 옮긴다"라고 말했다.

하지만 이 조직에 대해 누구도 정확하게 파악하고 있는 사람은 드물다. 두바이에서 셰이크 모하메드는 대단한 혁신가이지만, 엄연한 국가원수이자 왕과 같은 존재로서 자신의 세부 사항을 완전히 노출하지는 않기 때문이다. 따라서 현지에 있는 외국 공관이나 기업에선 대략적인 윤곽만 파악하고 있을 뿐이다.

하지만 두바이 현지에서 여러 가지 정황을 종합해보면, 이 브레인 집단은 영국 옥스퍼드대 박사 출신을 주축으로 세계에서 모여든 2,000명의 전문가다. 이들은 두바이 시내 빌딩에 사무실을 얻어놓거나 '두바이 아이디어 오아시스' 등의 이름으로 셰이크 모하메드의 뒤에서 싱크탱크를 구축, 다양한 세부 전략을 마련하고 있다. 셰이크 모하메드는 하루 24시간 이들과 긴밀한 연락을 주고받는다. 셰이크 모하메드는 이들을 수시로 집무실이나 사막 휴양소로 불러 묻고, 듣고, 토론한다. 종교와 국적을 불문하고 세계 최고의 기술과 실력을 갖춘 사람을 유치한다는 게 셰이크 모하메드의 전략이다.

그는 "번영은 기술과 돈이 가져오는 게 아니라 오직 사람만이 가져온다"면서 "가장 유능한 팀은 1 더하기 1을 11로 만든다"고 밝혔다.

셰이크 모하메드는 "이 싱크탱크를 통해서 나는 과거의 경험을 되살리긴 하지만 누구의 것이든 복사하지 않는다. 두바이에서 추진되는 그 어떤 것도 복사나 복제품이 아니다"라고 말했다.

### 의사결정 빠르고 집행은 신속해

지금 140만 명으로 추정되는 두바이 인구 중에서 순수한 두바이인, 즉 현지 외국인으로부터 '로컬'이라고 불리는 사람은 30만 명도 채 안 된다. 이들은 대부분 인공낙원에서 살고 있다고 한다. 한때 결혼 선물로 셰이크 모하메드로부터 10만 달러와 빌라 한 채를 받기도 했다.

그래서 셰이크 모하메드에 대한 국민의 신임과 존경은 절대적이다.

두바이의 야경. 셰이크 자예드 도로의 불빛이 화려하다

두바이 곳곳에는 셰이크 모하메드의 초상화가 걸려 있다. 두바이 국민은 '지도자의 모든 계획은 국민을 위한 것'이라고 믿고 있다.

두바이에서는 셰이크 모하메드가 입을 열면 명언이고, 슬로건이 된다. 그는 체질적으로 불가능과의 전쟁을 즐긴다. 그는 "나는 도전을 좋아한다. 불가능한 것을 보면 그것을 가능한 것으로 만들고 싶어 한다. 어떤 꿈이든 현실화시킨다"고 말했다. 또 어느 잡지와의 인터뷰에서는 "내 아버지는 역사가 씌어지길 기다리지 않았다. 그는 역사를 만들었다. 다른 사람이 우리에 대해 쓰기 전에 우리가 먼저 역사를 썼다"고 말했다.

'알 사다(Al Sada)'라는 잡지의 기자와 만나서는 "누구든 10년 앞에 무엇이 벌어질지 예언하기는 불가능하다. 그러나 한 가지는 말할 수 있다. 앞으로 3년 이내에 두바이는 지금보다 2배는 더 부유해질 것이다"고 선언했다. 그의 예언은 그대로 지켜졌다.

"중동 붐은 이제 시작일 뿐이다." "두바이에서 지금 벌어지고 있는 현상이 내가 계획한 것의 10%에 불과하다. 나는 빨리 나머지도 보고 싶다." 그의 입에서는 거침이 없다.

셰이크 모하메드는 개인적으로 약 4,000필의 말(馬)을 보유하고 있는 지독한 경마 매니아다. 그는 경마대회를 유치하고, 열사(熱砂)의 땅에 스키장을 만든 이유에 대해 "스포츠로 세계를 제패할 수 없다면 스포츠로 세계인을 끌어들이는 전략은 어떠한가"라고 반문했다.

셰이크 모하메드는 자신감으로 가득 차 있다. 그는 "비판과 반대는 항상 존재하게 마련"이라며 "불가능을 가능으로 바꾸는 나의 철학에는 변함이 없다"고 말했다. 그는 또 "두바이가 세계의 자본가들을 필요로 하는 것이 아니라 세계의 자본가들이 두바이를 필요로 하도록 만들겠다"며 "흔히 말하듯 '두바이는 세계적인 도시'에서 만족하지 않고 '두바이가 세계 그 자체'라는 말을 듣도록 하겠다"고 덧붙였다.

## 2. 셰이크 모하메드의 리더십으로부터 배운다

　대학과 대학원에서 정치학과 행정학을 공부하면서 필자는 늘 바람직한 리더십이란 어떤 것일까 고민해 왔다. 리더십에 대해서는 지금까지 수많은 이론과 관련 서적이 나와 있다. 그중에서 5년 전쯤 나온 '리더십 파이프라인(Leadership Pipeline)'이란 책이 지금도 기억에 남는다. 이 책은 세계 초일류 기업의 인재양성 프로그램으로 이용되고 있는 리더십 파이프라인 모델을 자세히 소개하고 있다.
　3명의 저자들은 초급 관리자에서부터 그룹의 CEO에 이르기까지 리더십이 진화되는 과정을 6단계로 나누고, 이 6단계의 리더십 전환점을 하나도 빠지지 않고 제대로 거친 사람만이 최고 지도자가 될 수 있다고 소개했다.
　모든 관리자가 자신이 속한 단계에 맞는 리더십과 업무능력을 갖춘 기업만이 세계 최고의 경쟁력을 지닐 수 있다는 것이다. 이런 기업의

셰이크 모하메드 지도자

예로 저자들은 GE와 매리어트 등을 들고 있다.

하지만 우리나라에서는 공직이든, 기업이든 가끔 제대로 리더십 훈련 과정을 거치지 않은 사람을 고위직이나 관리자로 선임하는 경우가 많다. 그래서 실패하는 사례가 적지 않다. 어떤 회사는 이제 컨설턴트는 절대 관리자로 곧장 선발하지 않는다고 한다. 과거 자기 회사의 문제점을 설득력 있게 분석하고 처방까지 제시해준 컨설턴트를 임원으로 데려왔는데, 정작 그에게 직접 업무를 맡겼더니 사사건건 문제점이 불거졌다는 것이다. 물론 모든 컨설턴트가 그렇다는 얘기는 아니지만, 그 회사가 데려온 컨설턴트는 리더십을 기르고 발휘할 수 있는 경력이 거의 없었다고 한다. 그만큼 옆에서 훈수를 두는 것과 직접 하는 것은 차이가 크다.

다른 어느 회사는 저명한 경제학자를 경영자로 선임했으나 실패하고 말았다고 한다. 자신이 평소 말로 강조하는 리더십 이론과는 달리 모든 것을 마음대로 하려 했고, 자기 뜻대로 되지 않으면 짜증부터 내는 바람에 조직이 더 헝클어졌다는 얘기다. 특히 현대 경영학에서 새로운 명제로 대두되고 있는 '섬기는 리더십' 과는 전혀 거리가 멀었다고 한다.

또 다른 대기업은 리더를 고를 때 그 사람의 영업 실적이나 연구 실적이 얼마나 탁월했는지를 기준으로 삼지 않는다고 한다. 실적주의와 능력주의에 어긋나는 정책이 아니냐고 물었더니, 그 회사 관계자는 "자신이 실무자로서 능력을 발휘한 것과 리더로서 능력을 발휘하는 것은 전혀 다른 얘기"라고 대답했다.

예를 들어 선동렬 투수처럼 야구선수로도 뛰어났고 감독으로도 잘하는 경우가 있지만, 야구선수론 이름을 날렸지만 지도자로서는 엉망인 경우가 허다하다는 것이다.

이는 어느 분야든 단순히 실무자로서 실적이 뛰어났다는 이유만으로, 별도의 리더십 훈련을 받지 않았거나 리더로서의 자질이 없는 사람을 관리자로 임명해서는 안 된다는 교훈을 던져준다.

리더십이란 정말 기초부터 차근차근 몸에 익혀놓지 않으면 안 되는 덕목이다. 특히 요즘 우리나라 정계나 재계 지도자들의 리더십에 치명적인 문제점이 노출되는 것을 보면서, 제대로 된 리더십 교육이 얼마나 중요한지 탄식하는 사람이 많다.

리더십은 분열시키는 것이 아니라 통합시키는 것이며, 조직 내 다른 사람을 정죄하는 것이 아니라 포용하는 자세가 바탕이 되어야 한다. 하지만 그러한 덕목이나 심성은 인간의 본성을 거스르는 측면이 있다. 그렇기 때문에 반드시 훈련을 거쳐야만 길러진다.

미국의 대학들이 신입생을 선발할 때 어떤 봉사 활동을 했는지, 어떤 서클 활동을 했는지를 유심히 살피는 이유도 바로 '진정한 리더십이란

차근차근 길러진다'는 철학 때문이다. 아주 어릴 때부터 남의 입장을 이해해주는 동시에 주체성 있는 의사결정을 내릴 수 있는 능력이 바로 리더십이기 때문이다. 하지만 우리나라는 과열된 입시 때문에 기업들이 원하는 리더십을 학창 시절에 기르기가 쉽지 않다.

이런 관점에서 두바이의 셰이크 모하메드 지도자를 보면서 오랜만에 맘에 드는 리더십 모델을 발견했다. 셰이크 모하메드는 아버지로부터 어린 시절부터 차근차근 리더가 되기 위한 여러 가지 준비를 해왔다. 급조되지 않았다는 의미다.

그렇다고 무슨 고정관념이 틀에 얽매여 있는 리더십을 배운 것이 아니다. 세계를 바라보는 시각, 미래를 그릴 줄 아는 상상력, 본질을 꿰뚫는 통찰력, 무엇이 국민에게 진짜 이익인지 생각하는 애국심, 구성원을 신나게 만드는 동기부여 능력을 고루 갖추고 있다.

정말 우리나라의 모든 리더들이 셰이크 모하메드의 역동적인 리더십을 배웠으면 하는 바람이다. 한국의 리더들이 그로부터 배울 점을 언어, 사고, 행동 등 3가지 측면에서 나누어 보자.

### 첫째, 셰이크 모하메드의 말이다

대한민국은 최근 지도층 인사들의 '말' 때문에 고민하고 있다. 즉흥적이거나, 자신의 감정을 여과 없이 노출하거나, 적대감을 그대로 표출하는 게 다반사가 됐다. 생산적이기보다는 부정적인 말을 계속하고, 비전을 보이기보다는 편 가르기를 하는 발언을 내뱉는 경우도 많다. 그러다 보니 국민은 답답하다.

성경에 나오는 야고보 사도는 "내 형제들아 너희는 선생 된 우리가 더 큰 심판 받을 줄을 알고 많이 선생이 되지 말라. 우리가 다 실수가 많으니 만일 말에 실수가 없는 자면 곧 온전한 사람이라. 혀는 능히 길들일 사람이 없나니 쉬지 아니하는 악이요, 죽이는 독이 가득한 것이라"라고 경고했다.

탈무드에도 '새장으로부터 도망친 새는 붙잡을 수가 있으나 입에서 나간 말은 붙잡을 수가 없다' '당신의 혀에는 뼈가 없다는 것을 항상 생각하라' '물고기는 언제나 입으로 낚인다' 등의 경구(警句)가 나온다.

어디 그뿐인가. 채근담(菜根譚)을 비롯한 동양의 고전에서도 말과 혀의 중요성에 대해 경각심을 일깨운 곳은 한둘이 아니다.

그런 점에서 셰이크 모하메드의 말은 배울 대목이 많다. 그는 무슨 교언영색(巧言令色)이나 감언이설(甘言利說)이나 허장성세(虛張聲勢)가 아니라, 말을 통해 국민에게 비전을 제시하고 동기를 부여하고 잠재력을 이끌어내고 있다. 유머도 있다. 딸의 대학 졸업식에 가서는 특유의 아랍 유머를 구사하여 좌중을 한바탕 웃기기도 했다.

말이란 시간과 장소에 따라 적절하게 구사되어야 한다. 지도자는 비아냥거리는 듯한 말을 하면 안 된다. 가령 "뭐~하면 좀 어때?"라는 식의 시비 거는 듯한 불량한 표현은 지도자의 말로는 어울리지 않는다. 셰이크 모하메드에게는 그런 표현이 없다. 그의 말에는 생기가 넘친다. 정중하고도 힘이 있다.

지도자는 패배주의적 푸념을 늘어놓으면 안 된다. 조직원이 불안해하기 때문이다. 모하메드의 말에는 승리를 향한 의지가 녹아 있다. 지도자는 말로써 미래의 비전을 제시해야 한다. 만일 이런 능력이 없다면 그는 지도자가 아니라 관리자에 불과하다. 모하메드는 '비전 제시'라는 점에서 다시 한 번 탁월성을 과시한다.

지도자는 조직 구성원에게 책임을 전가하는 말을 해도 안 된다. 미국의 트루먼 대통령이 했다는 'The Bucks stop here(모든 책임은 내가 진다)'라는 말처럼 항상 자신이 최종 책임을 진다는 자세를 보여야 한다. 셰이크 모하메드 지도자는 모든 두바이 국민의 뒤에 자신이 든든한 후견인으로 자리 잡고 있음을 여러 번 강조하고 있다.

### 둘째, 셰이크 모하메드의 생각을 배워야 한다

그는 불가능은 없다는 전제 아래, 역발상(逆發想)을 바탕으로 한 상상력에 뛰어난 탤런트를 보였다. 상상력이란 어제처럼 오지 않는 내일을 그려보는 것이다. 상상력은 지식보다 중요하다. 지식은 한계가 있지만, 상상력은 세상의 모든 것을 끌어안기 때문이다.

셰이크 모하메드는 두바이를 상상력의 보물섬으로 만들었다. 상상력은 고정관념을 타파하는 것이다.

셰이크 모하메드는 "왜 그런 프로젝트는 안 된다고 미리 포기할까?" "왜 사막에는 골프장을 비롯하여 선진국과 똑 같은 엔터테인먼트 시설을 만들지 못하는 것일까?"라는 질문을 여러 차례 던지면서 사물의 본질을 파고들었다.

그는 또 수평적이고 열린 마음으로 수많은 전문가들과 허심탄회한 대화를 나누면서, 새로운 아이디어를 적극적으로 받아들인다. 그런 사고의 바탕에는 '불가능(impossible)'은 없고 오직 '가능(possible)'만 있을 뿐이다. 지도자부터 상상력으로 충만하니, 모든 국민이 그런 식

두바이에서는 밤에도 불을 켜고 운영되는 골프장이 많다

의 사고에 익숙해진다.

'사막'과 '스키장'이란 도무지 조화가 되지 않는 두 단어를 결합시키는 것도 그의 상상력이다. 사람들이 두바이를 가고 싶은 이유는 단순하게 거대한 건축물이 있어서가 아니라, 무언가 새롭고 신기한 발상이 꿈틀거리고 있기 때문이다.

그러기에 두바이는 당초 '중동의 허브' 정도가 아니라 '세계의 허브'를 지향하고 있고, 이제는 '세계 그 자체'를 지향하고 있다. 두바이는 국토의 90%가 사막이고 면적은 제주도의 2.1배에 불과하지만 상상력의 현실화를 통해 조만간 전 세계 관광객 1억 명을 유치할 작정이다.

이에 비해 우리나라는 어떠한가. 한국은 2005년에 66억3,800만 달러의 관광수지 적자를 기록했다. 우리 국민이 해외에 나가서 쓴 돈이 외국인들이 국내에서 쓴 돈보다 2배 이상 많은 데다, 한국을 방문한 외국인 관광객도 602만 명에 불과했다. 사실 물리적인 여건은 우리가 훨씬 유리한 데도 말이다.

사실 두바이가 추진 중인 사막의 실내스키장, 인공 섬, 테마파크는 모두 자연을 거슬러 건설되기 때문에 엄청난 고비용이 투입되는 프로젝트다.

하지만 한국은 뚜렷한 사계절과 수려한 자연을 지니고 있어 마음만 먹는다면 얼마든지 저비용으로도 개발이 가능하다. 가령 다도해로 알려진 서남해안의 도서 지역을 잘만 연결시킨다면, 두바이의 인공 섬 못지않게 세계적 관심을 모을 수 있다. 문제는 자연이 아니라 독창적이고 유연하고 열려있는 리더의 상상력에 있다.

훌륭한 리더는 어떤 일을 시도해보라는 공식적인 허락을 기다리지 않는다. 무능한 중간관리자는 "공식적인 허락을 받지 못했으니 난 그 일을 할 수 없어"라고 말하지만 훌륭한 관리자는 "공식적으로 하지 말라는 지시가 없었으니까 할 수 있어"라고 말한다. 이것은 콜린 파월 전(前) 미국 국무장관의 말로, 관점의 차이가 얼마나 중요한가를 보여준다. 이건희 삼성그룹 회장도 '발상의 차원이 낮은 사람'은 절대 간부로 중용하지 않는다고 한다.

그런데 왜 우리는 사고가 온통 꽉 짜인 틀에서 규격화되어 있어 획기적으로 외국인 관광객을 유치하지 못하는지 반성해야 한다. 세계를 유혹하는 기술과 실천력, 리더십은 없으면서 그저 입으로만 '동북아 허브'와 '국제 신도시'를 외쳤으니 반성해야 한다. 잘될 것이라는 기대만 가득할 뿐 실질적인 혁신은 없다.

버즈 알 아랍 호텔의 야경

페니실린도 한때는 자원이 아니라 병균일 뿐이었다. 영국의 미생물학자 플레밍의 노력에 의해 페니실린이라는 곰팡이는 가치 있는 자원이 되었다. 피터 드러커는 이를 두고 "이렇게 기존의 자원(Resources)이 부를 창출하도록 새로운 능력을 부여하는 활동이 바로 혁신"이라고 말했다.

### 셋째, 셰이크 모하메드의 행동을 배워야 한다

그는 언제나 신중하게 결정하되 행동은 번개처럼 신속하게 해야 한다고 강조했다. 그는 무슨무슨 위원회를 만들어 허구한 날 이런 주장, 저런 주장을 몇 달간 한가하게 들으면서 토론이나 하자고 달려드는 지도자가 아니다.

"그것도 맞다. 하지만 이것도 일리가 있다"는 식의 미지근한 행동을 하지 않는다. 상상력을 통해 만들어진 아이디어와 사고는 전광석화(電光石火)와 같이 실천으로 옮긴다. 아부다비 같은 경쟁국이 두바이를 따라 가려고 해도 번개 같은 실행 속도 때문에 어쩔 수가 없다고 한다.

지금 우리 정부와 기업에 요구되는 것은 이 눈치 저 눈치 보면서 갈팡질팡하는 리더십이 아니라, 셰이크 모하메드처럼 신속한 스피드다. 때로 신속한 행동이 부작용도 낳고 나쁜 결과도 만들 수 있지만 전체적으로 보면 스피드가 오히려 낫다는 게 최근 경영학계의 트렌드다. 보시디 하니웰 전(前) CEO는 "나는 사색하거나 모래성을 쌓는 것보다는 일이 완료되는 것을 보는 것에서 더 큰 만족을 얻는다"면서 "많은 사람들이 실행은 비즈니스 리더의 위엄을 손상하는 세부적인 일이라고 간주하지만 그것은 잘못이며, 실행은 리더의 가장 중요한 업무"라고 말했다.

두바이에 있는 한국인들은 만약 두바이에 시민단체가 있었다면, 노조가 있었다면 지금처럼 발전하지 못했으리라고 지적한다.

팜 주메이라 같은 인공 섬을 만들 때 환경단체가 머리띠를 두르고 시위를 벌이고, 초고층 건물을 지을 때 근로자의 작업조건을 개선하라며 외국인 근로자가 파업한다면 그런 빌딩의 건축이 가능할 수가 없다. 셰이크 모하메드는 목표가 설정되면, 먹이를 추적하는 사자처럼 냉혹하리만큼 불같은 속도로 실천에 나섰다.

용기도 없고 의지도 상실한 우리나라 각계각층에 있는 리더들은 셰이크 모하메드의 눈빛에서 교훈을 얻어야 한다

# 두바이의 기적

세계 유일의 7성(星) 호텔인 버즈 알 아랍이 세계의 부호를 끌어 모으고 있는 가운데,
팜 아일랜드라는 인공 섬 프로젝트와 세계 최고 높이 빌딩인 버즈 두바이,
해저호텔인 하이드로폴리스 등 인간의 상상력을 극대화시킨
개발 프로젝트는 '사막의 나라' 두바이를 '꿈의 오아시스'로 탈바꿈시키고 있다.

## 두바이의 초대형 프로젝트

두바이는 한여름에는 50℃를 오르내리는 척박한 사막에 자리 잡고 있다. 다른 중동 국가와는 달리, 역사적인 유적지라곤 거의 없다. 연간 강수량은 고작 130㎜로 비 구경은 일 년에 서너 번밖에 하지 못한다. 중동에 위치해 있지만 정작 석유는 별로 나오지 않는다. 그것마저도 2020년이면 고갈될 것이다.

이런 악조건을 지닌 두바이가 오늘날 세계 최고의 신데렐라로 주목받는 비결은 무엇일까?

흔히 오일달러의 위력을 이야기한다. 물론 오늘날 두바이의 초고속 성장 뒤에는 오일달러가 거대한 투자원 역할을 했다. 하지만 오일달러는 결과로 나타난 것이지, 원인이 아니다. 두바이가 상상력으로 불가능을 향해 도전장을 던지고 성공할 기미를 보이자, 엄청난 액수의 오일달러가 두바이로 모인 것이기 때문이다.

두바이의 인공 섬 프로젝트 개요도

　두바이와 두바이의 지도자는 오일달러를 비롯한 전 세계 자본을 끌어 모으기 위해 랜드마크(Landmark)를 만드는데 힘을 쏟았다. 그래서 사람들의 뇌리에 '두바이' 하면 십여 개 초대형 프로젝트가 떠오르도록 만들었다.

　과연 한국 하면 떠오르는 랜드마크는 무엇일까. 호주 하면 오페라 하우스, 프랑스 하면 에펠탑, 영국 하면 타워브리지가 떠오르지만 한국 하면 딱히 떠오르는 그 무엇이 없다. 그런 점에서 두바이는 초기부터

확실한 전략을 세웠다.

두바이는 오는 2018년까지 연간 관광객 1억 명을 불러 모으겠다는 야심찬 계획이다.

세계 유일의 7성(星) 호텔인 버즈 알 아랍(Burj Al Arab) 호텔이 세계의 부호를 끌어 모으고 있는 가운데, 팜 아일랜드(Palm Island)라는 인공 섬 프로젝트와 세계 최고 높이의 빌딩인 버즈 두바이(Burj Dubai) 공사가 한창이다.

## 두바이 프로젝트 주요 개발현황

| 구 분 | 개발현황 |
|---|---|
| 팜 아일랜드<br>(Palm Island) | ▪▪팜 주메이라(직경 5.5km): 약 80% 조성완료, 축구선수 데이비드 베컴 섬내 리조트 분양(2004년)<br>▪▪팜 제벨알리(직경 7.5km): 초고층 도널드 트럼프 타워 건설 예정<br>▪▪팜 데이라(직경 14.5km): 최대 규모, 2014년 완공예정<br>· 두바이 동부 해안 주메이라, 제벨알리, 데이라 지역에 각종 편의시설, 호텔, 쇼핑몰 등을 갖춘 야자수 모양의 인공 섬 건설<br>  – 고급호텔, 해상주거단지, 아파트, 마리나, 워터 테마파크, 쇼핑몰, 컨벤션센터, 스파·스포츠시설 등을 2008년까지 완공 예정<br>· 국가 경제기반 다양화 차원에서 정부 주도로 신속히 사업이 추진되고 있으며, 친투자환경 정책으로 민간분양이 100% 완료됨<br>  – 외환규제 및 무역장벽 철폐, 법인세 면제, 송금자유보장, 외국인 토지소유 전면자유화 등<br>· 바다를 매립하여 야자수 모양의 인공 섬을 단계적으로 조성·개발<br>  – 세계 최고급 테마호텔을 원형으로 배치하고 그 안에 야자수 모양으로 주거단지, 관광시설, 상가, 마리나 등 배치<br>  – 인접 육지는 경제자유구역, 미디어시티, 워터파크 등을 개발하여 관광, 레저, 비즈니스가 통합된 중동 최대의 휴양비즈니스 메카로 육성 |
| 두바이 랜드<br>(Dubai Land) | · 두바이 중앙부 사막 4,270만평에 50억 달러를 투입하여 테마파크와 스포츠 시설, 레저·휴양시설을 조성<br>  – 두바이가 관광객을 유치하기 위해 추진하고 있는 투자규모 50억 달러의 초대형 개발사업<br>· 6개의 테마월드를 조성하고, 테마파크, 체육시설, 호텔 및 숙박시설, 관광단지, 쇼핑시설 등 설치 예정<br>· 2006년 현재 진행 중인 프로젝트는 총 10개로 두바이 스포츠 시티가 가장 큰 규모로 개발 중임 |
| 더 월드<br>(The World) | · 해안선에서 8km 떨어진 바다 한가운데에 세계지도 형상으로 인공 섬을 조성해 각 섬에 호텔, 주거단지, 오락시설 건설, 개인 분양 |

또 해저호텔인 하이드로폴리스(Hydropolis)와 사막 위의 초거대 디즈니랜드인 두바이랜드(Dubai Land) 등 인간의 상상력을 극대화시킨 개발 프로젝트는 '사막의 나라' 두바이를 '꿈의 오아시스'로 탈바꿈

시키고 있다.

  이러한 대규모 프로젝트에 들어가는 인력과 자금은 어떻게 동원할까? 무엇보다 두바이는 모든 토지가 국가 소유여서 땅값이 전혀 들지 않고, 외국인 노동자의 인건비가 싸다.

  두바이는 금융자유구역을 조성해놓고 무(無)세금, 무제한 외환거래, 100% 소유권 등의 혜택을 외국자본이 누릴 수 있어 최근 치솟는 고유가로 엄청난 돈을 번 사우디아라비아와 러시아 등 산유국의 오일달러가 속속 몰려들고 있다. 이들은 세계적으로 깜짝 놀랄 프로젝트를 향해 군침을 흘리면서 말이다.

## 두바이는?

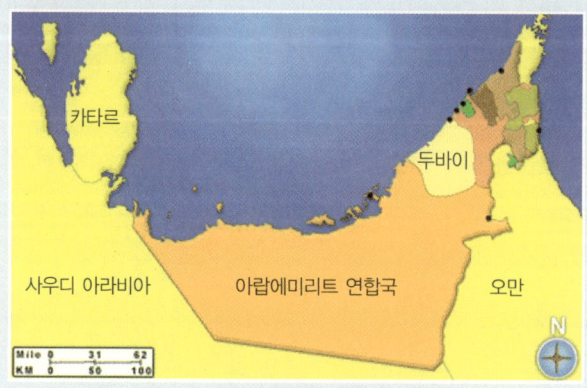

두바이는 걸프만의 입구, 아라비아 반도의 동쪽 해안에 위치하고 있으며 UAE(United Arab Emirates)를 구성하는 7개 토후국(Emirate) 중 두번째다. 두바이(Dobai)를 비롯하여 UAE의 수도가 있는 아부다비(Abu Dhabi), 샤르자(Sharjah), 아즈만(Ajman), 푸자이라(Fujairah), 라스알카이마(Ras Al Khaimah), 움알콰인(Umm Al Quwain) 등 7개의 에미레이트가 연합해서 국가를 이루고 있다.

오토만 터키 시대 7개의 토후국이 모여 1971년 독립국가를 이루면서 연방을 결성했다. 토후국은 전통적으로 가장 힘이 센 가문이 통치한다. 두바이의 경우 막툼(Maktoum) 가문이 통치하고 있다.

따라서 민주국가에서 말하는 정당 개념은 없다. 그러나 지도자를 왕이라고 부르지는 않는다. 중동 지역에서 왕이란 사우디아라비아와 요르단 정도에만 있다.

두바이의 면적은 3,885㎢로 제주도의 2.1배이며, 90%가 사막이다. 고온다습한 아열대 기후와 사막성 기후를 가지고 있으며 여름엔 최고 53℃까지 올라간다.

두바이가 서구에 최초로 알려진 것은 1580년 마르코 폴로가 이 지역을 '진주조개잡이로 크게 번성한 지역'이라고 소개하면서부터다. 이곳에서 생산된 진주는 주로 인도에서 소비되었으나, 20세기에 들어와 영국과 미국이 주요 고객이 되었다.

그러나 20세기 초 일본에서 개발된 양식진주 때문에 두바이의 진주 산업은 치명타를 입고 쇠퇴했다.

두바이는 17세기 포르투갈 상인이 무기를 앞세워 들어온 데 이어 프랑스, 네덜란드, 영국이 차례로 지배했다. 1892년에 영국의 보호령이 되었다가 1968년 영국이 철수를 선언하자 이 지역의 부족들이 모여 국가 창설을 논의했다. 특히 바레인과 카타르가 각각 별도의 독립국가를 만들자, 별도로 1971년 현재의 UAE를 출범시켰다.

현재 두바이의 1인당 GDP는 2만5,000달러에 이른다. 인구는 140만 명 정도로 80%가 외국인이다. 두바이의 외국인 근로자는 인도인이 절반 이상 되고, 주변 아랍국가 출신도 많다. 1979년 이란 혁명 이후엔 이란인이 대거 몰려왔고, 최근엔 필리핀, 중국, 인도네시아, 베트남 등 아시아인도 늘고 있다.

## 1. 버즈 두바이(Burj Dubai)

세계 건축사의 한 장을 장식하게 될 기념비적 건물이 바로 '버즈 두바이'다.

두바이에서 아부다비 쪽 방향으로 간선 도로인 셰이크 자예드 대로를 달리다가 왼쪽으로 바라보면 '역사가 올라간다(History Rising)'는 글자가 적힌 대형 입간판이 보이고, 그 뒤로 세계 최고층 빌딩인 버즈 두바이의 공사현장이 나타난다. 초대형 타워크레인 수십여 대가 동원돼 버즈 두바이의 규모를 짐작케 한다. 모두 8억7,600만 달러의 공사비를 들여 2005년 1월에 착공돼 2008년 말 완공될 예정이다. 버즈 두바이는 2008년 3월 15일까지 골조공사를 하고, 이어 2008년 12월 31일까지는 마감공사를 한다고 한다.

버즈 두바이는 아랍어로 '두바이의 탑'이란 뜻이다. 버즈 두바이는 두바이 고유의 사막 꽃(블루딕)을 형상화했다. 이슬람 건축을 접목시

버즈 두바이 건설 현장

킨 독특한 형상과 건물이 나선형 패턴으로 상승하는 모양이다. 블루딕 6개의 꽃잎 중 하나 건너 하나씩 3개 잎을 떼어내면 버즈 두바이의 단면 모습이 된다.

회사 측은 정확한 높이를 공개하지 않고 있지만 대략 지상 160층 이상에 높이 800m 이상의 초고층으로 지어지며, 꼭대기 전망대 위로 첨탑을 세운다.

대략 사흘에 1개 층씩 올라가는 셈이다. 높이가 800m가 넘는다면 서울 63빌딩(249m)보다도 3배 이상 높다. 대지면적 3만2,000여 평, 연면적은 15만 평으로 서울 코엑스몰(3만6,000평)의 4배에 달한다.

1층부터 39층까지는 호텔이며, 40층부터 108층까지는 고급 아파트, 109층 이상은 사무실과 전망대로 쓰인다. 이미 아파트와 사무실은

버즈 두바이의 조감도

100% 가까이 분양된 상태다.

　버즈 두바이가 우리의 관심을 끄는 또 다른 이유는 바로 삼성물산 건설부문이 짓고 있기 때문이다. 한국 기업이 세계 건축사의 새 역사를 쓰고 있다.

　삼성은 이 공사를 함께 수주한 베식스(벨기에), 아랍텍(두바이)과 3개 회사 조인트벤처를 구성해 건물을 짓고 있다. 삼성이 리딩 컴퍼니로서 전체 공사를 책임지고 이끌고 있으며, 건물의 전체 설계는 미국의 세계적 설계회사인 솜(SOM)이 담당했다.

　버즈 두바이가 건설되는 일대에는 '버즈 두바이 프로젝트' 라는 개발계획이 총체적으로 진행되고 있다. 버즈 두바이 주변에 인공호수와 각종 첨단 주거 시설이 들어선다.

세계 최고층 빌딩인 버즈 두바이를 비롯해 올드 타운(Old town), 더 몰(The Mall), 더 레지던스(The Residences) 등 4개의 프로젝트로 구성되어 있다. 총 공사비는 30억 달러로 알려져 있다.

더 몰은 18만 평의 쇼핑 부지와 21만 평의 주차장을 갖춘 세계 최대 규모 쇼핑몰이 된다. 더 레지던스는 2만5,000평 부지에 초호화 아파트 9개 동이 들어선다. 이밖에 올드 타운에는 전통적인 아랍풍의 저층 고급 빌라 400가구가 들어선다.

## 버즈 두바이 첨단 건설 공법

셰이크 모하메드 지도자가 가장 심혈을 기울이면서 힘을 쏟고 있는 것이 바로 버즈 두바이다. 그런데 삼성물산은 지상 160층 이상에 높이 800m 이상인 이 세계 최고층 빌딩을 도대체 어떤 시공기술로 지을까. 아무래도 두 눈으로 확인하고 기술자들에게 직접 들어보기 위해 2005년 5월 직접 두바이로 날아갔다.

삼성물산 이상대 사장은 "고강도 콘크리트, 초고층 양중(揚重)기술, 첨탑 리프트 업(Lift-up) 공법 등 핵심기술을 보유하고 있고, 층당 3일 공기(工期·3일 사이클)로 구조물을 시공하는 여러 기반기술을 바탕으로 버즈 두바이 공사를 차질 없이 진행할 것"이라고 밝혔다.

공사장에 가까워지자 수십 미터짜리 대형 타워크레인 수십여 대가 마치 학이 춤추듯 서있다. 버즈 두바이 현장은 공기에 따라 약간의 차이가 있지만 한국을 비롯해 미국, 영국, 독일, 벨기에 등 세계 20여 나라에서 몰려온 쟁쟁한 기술자 90여명과 인도, 파키스탄 등지의 800여 기능공이 공사를 진행하고 있다. 말 그대로 다국적군(多國籍軍)이다. 공사가 피크타임(Peak Time)이 되면 공사 관리자는 150여명, 현장 기능공은 3,500~4,000명으로 늘게 된다.

### 21세기의 피라미드 버즈 두바이

2005년 5월 4일 오후, 공사 현장엔 막 하늘을 향해 솟아나기 시작한 코어월(Core Wall)이 모습을 드러내고 있었다. '핵심(Core)이 되는 벽체(Wall)'란 뜻인 코어월은 고층건물의 중심이 되는 곳으

버즈 두바이 공사 현장

로서 구조적으로나 기능적으로 중요한 기능을 담당하는 콘크리트 벽체를 말한다. 사람으로 얘기하면 척추에 해당한다. 코어에는 엘리베이터, 화장실, 계단, 전기 및 설비 배관 등이 배치된다.

땅을 파고 철근 파일을 박는 기초공사가 끝난 2005년 2월부터 본격적으로 코어월 공사에 돌입했다. 현장 관계자는 "코어월은 초고층 건물의 특징이자 상징"이라며 "코어월이 제대로 올라가면 기계·전기공사, 외장공사 등 나머지 공사 수행은 상대적으로 어려움이 적다"고 말했다.

특히 버즈 두바이는 건물 중심에서 옆으로 꽃잎 모양의 공간이 나선형으로 퍼져나가는 형태여서 상층부로 갈수록 면적이 좁아지기 때문에 중심 부분을 제대로 세워야 가지 치듯 옆으로 건물을 이어지을 수 있다. 코어월의 두께는 0.6m 이상으로, 최고 1.3m에 이르는 부분도 있다.

코어월 공사의 핵심은 두 가지다. 빌딩의 무게를 지탱하면서 똑바로 올라가야 한다. 코어월이 건물 무게를 제대로 지탱하기 위해 버즈 두바이 현장에서는 고강도 콘크리트를 사용한다. 초고층 빌딩에 사용하는 콘크리트는 무엇보다 단단해야 한다. 고강도 콘크리트는 어느 정도 튼튼해야 할까. 콘크리트의 강도는 단위면적당 지탱할 수 있는 무게로 나타낸다.

버즈 두바이의 콘크리트 사용량은 27만㎥. 타워팰리스 4개동(20만㎥)에 사용된 것보다도 35%나 많은 양이다. 버즈 두바이에 사용할 콘크리트의 강도는 800kg/㎠. 가로, 세로 1㎝의 좁은 면적 위에 몸무게 70kg인 남성 11명이 동시에 올라가도 끄떡없는 강도다. 이같이 단단한 콘크리트로 건물의 내구성을 증진시켜 진도 7.0의 초강력 지진에도 버틸 수 있다는 설명이다.

강도가 세지면 다른 문제가 발생한다. 내부에 열이 발생해 외부 온도와 30℃ 이상 차이가 나면 콘크리트에 균열이 생긴다. 또 작업 속도를 빠르게 하기 위해선 콘크리트가 빨리 굳어야 한다. 내부온도를 줄이고 굳는 시간을 보통 24시간에서 12시간으로 단축하기 위해 특수재료를 첨가한다.

콘크리트의 유동성(流動性)도 체크해야 한다. 콘크리트는 기본적으로 시멘트에 모래와 자갈, 물을 섞어 만든다. 단단하게 하려면 물을 적게 넣으면 된다. 하지만 강도는 높은데 유동성이 없으면 삽을 넣기조차 힘들어진다.

특수 혼합물을 첨가해 강도와 유동성을 모두 만족시키는 제품을 확보하는 것이 고강도 콘크리트 설계 및 생산 기술의 핵심 중의 하나다.

유동성이 중요한 것은 콘크리트를 고층 작업 장소까지 쏘아 올려야 하기 때문이다. 높은 장소로 신속하게 전달하기 위해선 파이프를

버즈 두바이의 고층용 타워 크레인의 개념도

통해 대량으로 쏘아 올려야 한다. 이를 펌핑(Pumping)이라고 한다. 이것은 여간 예사로운 기술이 아니다.

콘크리트를 높은 곳으로 쏘아 올리는 데는 두 가지 장비가 필요하다. 하나는 펌프이고, 또 하나는 콘크리트 플레이싱 붐(placing boom)이다.

펌프는 콘크리트를 쏘아 올리는 장비. 지상에 3대, 공사 중인 건물 중간지역에 1대를 설치한다. 플레이싱 붐은 지상의 펌프에서 상부까지 설치된 파이프를 통해 쏘아 올린 콘크리트를 타설할 곳까지 이동시키는 장비다. 인체의 팔과 같다고 할 수 있다. 플레이

싱 붐은 총 4대로, 거푸집에 부착해 함께 올라가도록 했다. 이는 삼성건설이 최초로 도입한 초고층 시공기술이다.

콘크리트 작업에서 빼놓을 수 없는 것이 거푸집이다. 거푸집은 콘크리트를 부어넣는 형틀이다. 버즈 두바이 현장에 사용하는 거푸집의 특징은 한 층의 공사가 완료되면 기존 거푸집을 타워크레인의 도움 없이 유압잭을 이용해 위층으로 올라가게 하는 자동시스템에 있다.

이를 셀프 크라이밍 폼(Self-Climbing Form)이라 부른다. 이 공법은 공기 단축과 작업 대기시간 감소로 원가를 절감할 수 있다는 강점이 있다. 버즈 두바이 공사의 경우 거푸집 규모가 세계 최대라는 데서 삼성건설의 기술력이 외국기업과 차별화된다.

**사흘마다 한 층씩 올리는 첨단기법으로 신기록 도전**

버즈 두바이가 세계 최고층 빌딩이 되는 데는 꼭대기에 올리는 첨탑이 큰 역할을 한다. 문제는, 꼭대기는 면적이 좁아져 사람들이 올라가 탑을 세울 작업 공간이 없게 된다. 여기서 첨탑을 밑에서 올리는 방법을 쓴다. 이를 리프트 업(Lift-up) 공법이라고 한다. 서울 종로2가에 있는 삼성생명 건물의 윗부분(탑클라우드), 즉 식당이 있는 부분을 이런 방식으로 올렸다.

건물 최상부 전체를 몇 개의 외주 기둥 구조물이 받치고 있는 형태로 마치 허공에 떠있는 구조물과 같다. 하지만 삼성생명 건물은 지상 22층에 불과하다. 버즈 두바이와는 비교가 안 된다. 그렇게 높은 곳에 첨탑을 올리는 것이다.

거푸집에 고강도 콘크리트를 붓고 있다

    삼성물산의 건설 목표는 '3일에 한 층'이다. 일반 아파트나 빌딩은 7~8일에 한 층씩 올라간다. 버즈 두바이는 초고층이면서도 오히려 속도는 두 배 이상 빠른 셈이다.

    따라서 현장 전체를 놓고 보면 전체 공사의 일정을 체계적으로 관리하는 공정관리의 중요성이 부각된다. 여러 가지 공사가 동시 다발적으로 진행되는 건설공사에서 한두 공사만 엉켜도 서로 충돌해 작업지연을 초래한다. 버즈 두바이의 경우 필요한 작업을 작게 분류하면 무려 6만개에 이른다. 이 모든 작업이 차질 없이 물 흐르듯 흘러가야 한다.

이거산 (주간조선 차장)

## :: 셰이크 모하메드로부터 배우는 리더십 10계명

### 1. 불가능이란 단어는 사전에 없다

두바이는 사막 지대의 작은 어촌이었다. 그래서 셰이크 모하메드는 더 이상 손해 볼 것이 없다고 판단했다. 오직 불가능은 없다는 도전정신으로 밀고 나갔기에 무에서 유를 창조하는데 성공했다.

### 2. 부정적인 말을 하지 않는다

말과 혀에서 힘이 나온다. 그는 "좀 하면 어때?"라는 식의 비아냥거리는 말을 하지 않는다. 다른 사람을 탓하거나, 편을 가르는 말은 더더욱 금기시했다. 유능한 지도자의 말 한마디는 국민에게 용기와 희망과 평안을 준다.

### 3. 시인의 마음으로 국가를 경영한다

그는 수많은 시를 지으면서 스스로의 마음을 갈고 닦았다. 상상력과 창의력도 그런 바탕에서 나왔다. 지도자는 딱딱하게 경영과 행정만 알아야 하는 게 아니다. 문학적이고 엔터테인먼트적인 소양까지 두루 갖추거나 이해할 수 있어야 한다.

### 4. 최고의 브레인들로부터 아이디어를 모은다

그의 주변에는 2,000여명에 이르는 똑똑한 외국인 두뇌집단이 있다. 그는 남의 두뇌를 빌리는데 전혀 망설임이 없다. 외부 전문가들로부터 현실을 냉정하게 진단했다. 얼마 되지 않은 석유가 고갈되어도 버틸 수 있는 나라의 전략을 외국인 두뇌에게서 빌렸다.

### 5. 환경에 맞춰 목표를 세우지 않고 목표 설정 뒤 환경을 바꾼다

세계의 위대한 프로젝트는 모두 이런 자세에서 시작됐다. 두바이의 인공섬도 바로 환경과 자연에 굴하지 않는 지도자의 위대함에서 성사됐다.

### 6. 역발상을 높이 평가한다

그는 아이디어와 발상에 차별을 두지 않는 열린 사고를 한다. "왜"를 여러 번 반복하면서 사물과 현상의 본질을 파악하려 한다. 사막에 왜 스키장은 불가능한가 라는 질문을 여러 번 던져 결국 이를 만들어냈다.

### 7. 주변 강대국을 최대한 활용한다

아랍국가이면서도 철저하게 친 영국, 친 미국 정책을 실시해왔다. 물론 사우디나 이란과도 친분을 유지한다. 그는 국가를 살리기 위해 주변 강대국과 과도할 정도로 친하게 지내는 것을 부담스러워하지 않았다. 자존심이란 그럴 때 사용하는 단어가 아니라고 한다.

### 8. 자국민에게 실질적으로 유익한 정책을 강구한다

외국인 투자천국을 만들면서도 내부적으론 스폰서 제도 등을 통해 소수 자국민의 이익은 철저하게 챙겨준다. 그는 무작정 외국인 투자유치만 하는 게 아니라, 그와 비례하여 치밀한 자국민 보호 정책을 세웠다.

### 9. 전광석화처럼 강력하게 실천한다

그는 허구한 날, 토론만 하자고 덤비지 않는다. 일단 결정된 사항은 가능한 최대의 스피드로 실천에 옮긴다.

### 10. 미래의 비전을 제시한다

지도자의 가장 중요한 기능이다. 그는 국민들에게 꿈을 던져주고 자신이 그 실천을 위해 구체적인 행동을 보여준다. 그냥 입으로 하는 비전이 아니라 몸으로 비전을 보여준다.

> 인터뷰

## 사막 국가 두바이에서 물과 전기는 국가적 과제

사예드 모하메드 아마드 알 타이어 두바이 전력·수자원청(DEWA) 대표는 우리나라로 말하자면 한국수자원공사와 한국전력을 합친 조직의 기관장이지만, 실질적인 파워는 훨씬 더 세다. 우리나라의 장관급을 능가한다고 보면 된다.

사예드 모하메드
두바이 전력·수자원청장

그는 "두바이에서 지어지는 첨단 고층건물과 대규모 프로젝트 시설에 물과 전력을 원활하게 공급하느냐가 두바이 프로젝트의 성공을 결정짓는다"면서 "5~10개년 계획을 세워서 공급에 차질이 없도록 하는 메가 프로젝트를 진행하고 있다"고 말했다. "만일 두바이의 초고층 빌딩 지역에 전기와 물이 끊어지는 경우를 상상해 보세요. 물론 각 건물마다 백업 시스템이 구비되어 있어 만약의 경우에도 당장 타격을 입지는 않습니다. 하지만 비상 플랜을 마련하여 항상 대비하고 있지요."

미국 같은 곳에서 비교적 잘 구축되어 있는 그리드 시스템(Grid System)을 두바이에서도 체계적으로 구축하고 있다고 설명했다.

그는 "현대건설 이외에도 많은 한국 업체들이 두바이의 전력과 수자원 개발을 위해 참여하고 있다"면서 "두바이가 천지개벽하는 과정에서 물과 전기가 부족해 실패하는 경우는 절대 없도록 하겠다"고 덧붙였다.

## 고층 주택이 하루 6바퀴 빙글빙글

두바이에 이런저런 이색적인 랜드마크가 많다 보니, 새로 기획중인 건축물도 모두 참신한 발상에서 나오는 경우가 많다. 최근에는 하루에 최대 6바퀴 빙글빙글 회전하면서 360도 조망(眺望)할 수 있는 '회전식 고층 주택' 계획이 선을 보였다. 두바이 현지에서 발행되는 영자 신문인 '걸프뉴스'에 따르면, 부동산 회사 '하이 라이즈 리얼 에스테이트'가 계획하고 있는 이 건물은 모두 15개 층인데 그중에서 위쪽 5개 층을 하루 최대 6바퀴 회전하도록 만든다는 것이다.

15층 건물의 위쪽 5개 층이 회전한다

입주자들은 집이 360도 돌아가는데 걸리는 시간을 3시간, 6시간, 12시간, 24시간 중에서 선택할 수 있다. 2006년 8월 중 착공에 들어가 18개월 동안의 공사 기간을 거쳐 완공될 예정이다.

이 건물은 벌써부터 돈 많은 아랍 부호들의 인기를 끌고 있는데, 최상층에 있는 펜트하우스는 이미 사우디아라비아 왕자가 약 2,500만 디르함의 가격에 구입했다.

이런 주택을 기획한 파이잘 알리 무사 씨는 당초 독일에서 단독 빌라가 360도 회전하는 모습을 보고서 아이디어를 얻었다고 한다. 첫 번째 건물의 위치는 두바이 내에서도 부촌(富村)으로 불리는 주메이라 주거단지 남쪽이지만, 향후 수년간 두바이 곳곳에 비슷한 건물을 지을 예정이라고 한다.

## 초고층 빌딩의 역사

엠파이어스테이트 빌딩

구약성경 창세기 11장에 나오는 이야기다. 노아의 홍수 이후에 사람들이 시날 평지에 모여 "자, 성과 대를 쌓아 대꼭대기를 하늘에 닿게 하여 우리 이름을 내고 온 지면에 흩어짐을 면하자"며 벽돌과 역청으로 높은 빌딩을 쌓기 시작했다. 이른바 '바벨탑'이라고 불리는 마천루(摩天樓; skyscraper)의 효시였다.

이를 본 하나님은 "앞으로 저들의 하는 일을 막지 못한다. 우리가 내려가서 저들의 말을 혼잡케 하여 흩어버리자"면서 바벨탑 공사를 중단시켰다. 하지만 흩어진 인간은 꾸준히 바벨탑 건설을 시도했고, 20세기에 들어와서는 첨단기술의 힘을 빌려 정말 '하늘을 긁을 수 있는' 초고층 빌딩들을 속속 선보이고 있다.

### 엠파이어스테이트 빌딩이 첫 초고층 건물

초고층 빌딩의 선두주자는 역시 미국이다. 초고층 빌딩은 1880

년대 미국의 뉴욕과 시카고에서 시작됐다. 1885년 철골조로 지어진 55m 높이의 시카고 'Home Insurance Building'을 시초로 보기도 한다. 하지만 역사상 본격적인 초고층 빌딩은 아무래도 엠파이어스테이트 빌딩을 꼽는 사람이 많다.

1931년 4월 30일 저녁 해질 무렵, 전 세계의 눈은 뉴욕 맨해튼 34번가로 집중됐다. 엠파이어스테이트 빌딩의 준공식이 거행되는 순간이었다. 6,400여 개의 창에 일제히 불이 환하게 켜지면서 세계 최고층 빌딩의 탄생을 알렸다. 102층에 지상높이가 381m, 엘리베이터만 무려 67개나 됐다. 맨해튼을 한눈에 내려다볼 수 있는 꼭대기 전망대는 아직도 관광객의 필수 코스로 꼽힌다.

엠파이어스테이트 빌딩은 1972년 맨해튼 남쪽에 세계무역센터(WTC) 쌍둥이 빌딩(110층 417m)이 들어설 때까지 41년간 세계 최고의 자리를 지켰다. 하지만 쌍둥이 빌딩도 1974년 시카고에 시어스 타워(110층 443m)가 건설되면서 이내 최고 자리를 내놓았다.

24년간 깨어지지 않던 시어스 타워의 세계 최고 타이틀은 1998년 말레이시아 콸라룸푸르에 KLCC(Kuala Lumpur City Center · 88층 452m)가 건설되면서 아시아로 넘어왔다. 이 빌딩은 말레이시아 국영 석유회사인 페트로나스가 소유하고 있다.

KLCC의 외관은 역동적이고 진취적인 도시 이미지를 상징한다. 452m짜리 초대형 옥수수 2개를 세워놓은 듯한 외관의 상층부는 유리처럼 화사하게 조명을 밝혔다.

한 동(棟)은 삼성물산 건설부문, 다른 동은 일본의 한 건설사가 시공했다. 두 동은 다리로 연결돼 있으며, 빌딩 앞에는 페트로나스

말레이시아 콸라룸푸르에 있는 KLCC 빌딩

가 시(市)에 기부채납한 KLCC 공원이 있다. 여름밤 공원을 거닐면서 KLCC의 야경을 올려다보는 재미가 그만이다. 중국 상하이의 진마오(金貿) 타워도 1998년에 준공됐지만 KLCC보다 31m가 낮다.

하지만 인간의 욕망은 거기에서 멈추지 않았다. 동남아시아와 중동을 중심으로 초고층 빌딩이 급속히 늘어나고 있으며, 설계와 시공 기술의 지속적인 개발로 최고층 기록 경신 기간도 계속 단축되고 있다.

업계 추산으로는 2010년까지 최대 400억 달러 규모의 초고층 빌딩 발주가 예상된다.

### 미국에서 아시아로 넘어온 초고층 빌딩 경쟁

현재 세계 최고의 마천루는 1998년에 착공해 2004년 12월에 준공된 대만의 타이베이금융센터(TFC · Taipei Financial Center)101 빌딩이다. 삼성건설이 마감공사를 맡았던 이 빌딩은 지상높이 508m에 층수는 101층에 달한다. 말레이시아의 KLCC보다도 50m

가량 더 높다.

타이베이금융센터101 빌딩은 건설 초기에 비행안전 문제가 제기됐다. 하지만 대만 정부가 "초고층 빌딩의 효용성이 높으니 정부가 항로를 일부 조정하겠다"고 밝혀 계획대로 높이 지을 수 있었다. 비행안전에 큰 지장이 없다면 국가적 자랑거리를 우선하겠다는 정책 의지로 받아들여졌다.

하지만 타이베이금융센터101의 챔피언 자리도 그리 오래가지 못할 것 같다. 무엇보다 2008년 무려 160층 이상에 높이도 700m가 훨씬 넘는 두바이의 버즈 두바이 빌딩이 완공되면 101빌딩은 당연히 선두 자리를 내주게 된다.

현재 세계적으로 버즈 두바이 빌딩 외에도 러시아 모스크바의 타워 오브 러시아(2010년 준공 목표)가 125층에 649m 규모로 지어지고, 중국 상하이의 세계금융센터(101층 492m), 홍콩의 유니언 스퀘어(102층 474m) 등이 차례로 지어질 예정이다.

중국 상하이는 1998년 진마오 타워(88층)를 준공한 데 이어 2007년 101층 높이의 세계금융센터 건설공사를 끝낸다는 방침이다. 상하이는 2010년에 열릴 '상하이 세계박람회'를 통해 아시아 최대 첨단도시라는 이미지를 홍보하는 데 이들 빌딩을 활용할 계획이다.

현재 상하이에 세워지고 있는 세계금융센터는 상층부에 지름이 51m나 되는 거대한 구멍이 나 있다. 바람이 구멍으로 빠져나가 건물에 영향을 덜 미치도록 하기 위해서다.

이밖에 9·11 테러로 무너진 미국 뉴욕의 세계무역센터 자리에

타이베이 금융센터

도 2009년쯤 '1776 프리덤 타워'가 들어설 예정인데 이 건물은 안테나 높이를 포함하면 610m에 이를 전망이다.

터키도 이스탄불에다 150층에 600m 높이의 빌딩을 지을 예정이다.

**천문학적인 공사비용보다 효과가 큰 상징성**

각국마다 경쟁적으로 초고층 빌딩을 지으려는 동기는 다양하다. 무엇보다 한 도시나 국가의 표지물인 랜드마크 (landmark)가 될 뿐 아니라 관광객을 모으는 집객(集客) 효과가 크기 때문이다. 초고층 빌딩을 짓는 데 들어가는 천문학적인 공사비용은 그 건물의 상징성이 갖는 마케팅 효과로 충분히 상쇄가 된다는 설명이다.

가령 초고층에 있는 상업시설(오피스, 호텔, 상가)은 그 상징성으로 인해 엄청난 마케팅 효과를 거둘 수 있다. 굳이 세계 최고층이 아니더라도 부동산 개발업자들이 고층빌딩에 집착하는 것은 바로 이런 이유에서다. 당연히 임대료도 높고 장사가 잘된다. 초고층 건물은 해당 건물뿐만 아니라 주변 지역의 경제 활성화에도 기여한다.

　각국이 초고층 빌딩 경쟁에 나선 이면에는 국력을 과시하려는 의도도 있다. 현재 세계에서 가장 높은 빌딩이 대만에 있다는 점은 중국과의 대결에서 뒤지지 않음을 보여주려는 대만 당국의 강력한 의지가 있었기에 가능했다. 말레이시아의 KLCC도 모하메드 마하티르 전(前) 총리가 국가적 위신을 높이기 위해 추진한 것으로 알려졌다.

　또 중국 상하이에 지어진 진마오 타워나 새로이 지어질 세계금융센터는 상하이를 홍콩이나 싱가포르에 앞서는 세계 금융 중심으로 키우겠다는 중국 최고 지도부의 의지가 반영됐다는 것이 정설이다.

　뉴욕의 프리덤 타워 역시 조지 부시 행정부와 뉴욕시 당국이 테러로 부서진 세계무역센터 희생자의 영혼을 달래고 미국의 영광을 지속하겠다는 염원을 이름 속에 담았다.

　기술적으로 초고층 빌딩의 건설이 가능한 이유는 여러 가지다. 우선 H빔이라는 철강 건축자재를 사용하게 된 건축공학적인 진보, 엘리베이터를 통해 초고층으로 사람과 화물이 이동하는 데 문제가 없게 된 점, 그리고 통신시설 발달로 높은 빌딩에도 언제나 통신이 가능하게 된 점 등이 배경이 됐다.

　하지만 초고층 빌딩은 시공비가 많이 든다. 초고층이기 때문에 내진(耐震) 설계에서부터 엘리베이터, 환기 등 정밀한 시공을 요한다. 더구나 20~30년이 지나면 재건축도 불가능하다. 9·11테러에서 보듯이 화재나 테러에 취약할 수밖에 없다. 녹지 공간의 확보도 고려해야 할 대상이다.

### 국내 기업들도 잇달아 추진

국내에서도 초고층 빌딩 경쟁이 치열하다. 현재 우리나라에서 가장 높은 빌딩은 1985년 완공된 228m 높이의 여의도 대한생명 빌딩(63빌딩)으로 20년째 최고 자리를 지키고 있다.

하지만 선두 자리를 내놓을 날이 멀지 않아 보인다. 그동안 63빌딩이 독야청청했던 국내에도 초고층 빌딩시대가 본격적으로 열리고 있다. 인천 경제자유구역 송도국제도시에다 미국 포트먼 홀딩스와 현대건설과 삼성물산 건설부문이 공동 참여하여 건설되는 가칭 '인천타워'는 쌍둥이 빌딩으로 버즈 두바이에 이어 세계에서 두 번째로 높은 151층(610m) 규모로 건립될 예정이다. 인천타워는 5만3,000여 평 부지에 연면적이 23만5,000평에 이르고, 호텔 등 숙박시설을 비롯해 컨벤션센터, 사무실, 쇼핑몰 등이 들어서는 다목적 복합건물로 활용될 예정이다.

대략 2007년 말이면 착공이 가능할 전망이고, 2012년 완공을 목

버즈 두바이 조감도

표로 하고 있다. 2개의 건물은 '스카이 브리지' 3개로 연결된다.

인천타워 외에도 서울에서만 112층(555m) 높이의 '잠실 제2롯데월드'와 120~130층(540m) 높이의 상암동 'DMC 랜드마크빌딩', 한국철도공사가 한강로2가 용산역 철도공작창 부지에 지을 예정인 100층(350m)의 초고층 프로젝트 등이 있다.

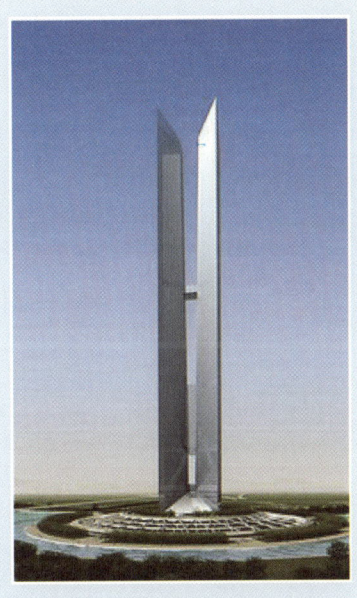

인천타워 조감도

부산에는 롯데그룹이 중앙동 옛 부산시청 부지에서 건설 예정인 107층(494m)의 '부산 제2롯데월드'와 부동산 개발업체인 솔로몬그룹이 벡스코에 지으려는 110층(500m)의 '월드비즈니스센터 부산' 등이 있다.

현재 국내에는 세계적인 초고층 빌딩이 없지만, 세계적인 초고층 빌딩의 상당수를 국내 업체가 건설했기에 우리나라에도 짓는 것은 시간문제로 여겨지고 있다.

## 2. 버즈 알 아랍(Burj Al Arab)

공식적으론 별 5개짜리 호텔이지만 세계 최고급 수준의 서비스를 제공한다고 별 7개짜리 호텔로 불리고 있는 버즈 알 아랍은 셰이크 모하메드 지도자의 첫 작품으로, 오늘날 두바이의 상징물로 통하고 있다. 두바이를 세계적 관광도시로 육성하기 위해 만든 전략적 호텔이다. 세계에서 가장 사진이 많이 찍힌 호텔로도 유명하다.

버즈 알 아랍은 두바이 시내에서 남쪽으로 15km 떨어진 주메이라 해변에서 280m의 다리로 연결된 인공 섬 위에 에펠탑보다 더 높은 321m 높이로 지어졌다. 세계에서 가장 호화로운 호텔로 내부장식의 상당 부분이 24K 금(金)으로 덮여 있다.

돛단배 모양의 이 호텔은 외관은 물론, 공법도 특이하다. 가령 273m의 강철재 트러스 한 쌍을 세우고 활대처럼 휘어진 알루미늄 외장 트

버즈 알 아랍 호텔 입구

러스를 연결시킨 다음, 그 위에다 두 겹의 테플론 코팅이 된 유리섬유 직물의 커튼을 덮었다. 세계 어디에서도 시도한 적이 없는 기술이다. 테플론 코팅이 된 표면은 낮에는 하얀 색으로 눈부시고, 밤에는 무지개 빛을 발산하는 캔버스로 사용돼 대단한 장관을 연출한다.

버즈 알 아랍 호텔은 총 28층에 202개의 스위트룸으로 구성되어 있으며, 모든 객실에서 아라비아의 바다를 조망할 수 있다. 하룻밤 숙박

료는 1,500달러~7,332 달러에 이른다. 최근 두바이의 명성이 알려지면서 유럽 여행 도중 두바이를 경유하면서 이 호텔에서 첫날밤을 보내는 한국인 신혼부부도 늘고 있다. 이 호텔에서는 공항과 호텔을 잇는 헬리콥터 체크인·체크아웃 서비스도 가능하다. 객실에서는 LG전자 TV와 커튼을 포함한 모든 장비가 리모컨으로 조작되며 노트북 컴퓨터와 인터넷이 제공된다. 내부 장식은 대부분 금으로 했으며, 밑에는 220척의 요트 피난 시설도 구비되어 있다.

## :: 세계 유일의 7성 호텔 구경해 볼까?

자동차가 해변으로 접근하자 아라비아만을 배경으로 우뚝 솟아 있는 돛단배 모양의 건물이 눈에 들어왔다. 두바이의 세계적 명물인 별 7개짜리 버즈 알 아랍 호텔이다.

아랍어로 '아랍의 탑' 이란 뜻이다. 두바이 남쪽 주메이라 해변에서 280m 떨어진 바다에 인공 섬을 만들고 그 위에 지은 호텔로, 높이가 28층 321m에 달한다. 공식적으론 별 5개짜리 호텔이지만 세계 최고급 수준의 서비스로 별 7개짜리 호텔로 통칭하고 있다.

섬과 연결된 다리 입구에 다가서자 경비가 막았다. 호텔에 들어가려면 다리 입구에서 손님인 것을 확인해야 한다. 투숙객이 아니라면 레스토랑에라도 예약해야 한다.

로비에 들어서자 아랍음악이 흘러나오는 가운데 정장 차림의 남녀 종업원이 전 세계에서 몰려온 고객을 미소로 맞이했다.

특히 로비에서 천장까지 빈 공간으로 확 트여있는 구조가 감탄사를 자아내게 한다. 벽으로 둘러싸인 건물 외부에서 안으로 들어서면 마당이 펼쳐지는 두바이 전통 가옥의 구조와 흡사하다.

2층 객실 입구 로비로 올라가는 에스컬레이터 옆은 물고기떼가 헤엄치는 수족관이다. 레스토랑과 바가 있는 2층 로비 한가운데에 있는 분수에선 물고기 율동 등 다양한 분수 쇼가 펼쳐졌다.

2층 레스토랑의 동남아 출신 직원은 "한국인" 이라고 하자 "안녕하세요"라고 반갑게 우리말로 인사했다. 바다 속을 구경할 수 있는 지하의 해산물 전용식당(알 마하라)도 빼놓을 수 없는 명소.

객실은 모두 복층 구조이며, 모든 방에서 아라비아만의 물결을 지척에서 즐길 수 있다. 객실 타입은 7가지로 가장 싼 디럭스 스위트(51평) 가격이 하룻밤에 150만원이다.

가장 비싼 로열 스위트(235평)는 하룻밤에 자그마치 1,000여만원. 호텔 직원은 아랍 부자 외에 러시아의 신흥 부호, 독일인, 영국인이 즐겨 찾는다고 말했다. 가격이 비싸도 객실은 평소 꽉 차며 아무리 불황이라도 투숙률이 60% 이하로 떨어지지 않는다는 설명이다.

4층의 디럭스 스위트에 들어서자 거실 밖으로 아라비아만이 펼쳐졌다. 아래층은 사무실로 쓸 수 있도록 책상과 팩스 등을 갖추고 있다. 위층으로 가는 계단 위 벽에는 시계 바늘이 영화 화면처럼 비쳐졌다.

버즈 알 아랍 호텔의 내부 모습

프로젝션으로 시계 화면을 만들고 있다. 위층엔 욕실과 침실로 꾸며져 있다. 침대 위에 누워 아라비아만을 바라보는 맛을 어찌 표현할 수 있을까. 28층 꼭대기는 방의 절반을 대형 유리창으로 꾸민 스카이 뷰 바. 유리창 너머로 푸른 바다와 하늘, 바다와 사막의 경계인 해변, 두바이 시내와 그 너머의 광활한 사막이 파노라마처럼 펼쳐졌다.

이거산 (주간조선 차장)

# 3. 팜 아일랜드(Palm Island)

　　　　　　　　　　두바이 앞바다에 조성하는 팜 아일랜드는 그 이름처럼 야자수 모양의 인공 섬 3개를 조성하고, 섬 위에다 주거 및 위락시설을 갖춘 종합 관광레저 타운을 건설하는 것이다.

　달에서도 식별이 가능하다고 해서 세계 8번째 불가사의라고 불린다. 상상력의 승리로 받아들여지는 이 프로젝트는 두바이 개발을 지휘하고 있는 셰이크 모하메드에 의해 탄생됐다. 두바이 같은 사막 민족의 숙원은 조금이라도 해변을 늘리는 것. 단순한 원형이나 밋밋한 직선으로는 해변을 획기적으로 늘릴 수 없기에, 결국 땅의 요철(凹凸)을 많이 만들어 해변을 획기적으로 늘리자는 생각을 한 것이다. 그래서 셰이크 모하메드는 야자수에서 디자인 아이디어를 떠올렸다. 야자수의 가지만큼 해안선은 엄청나게 늘어나고, 해안선을 따라 아파트와 호텔을 비롯한 휴양시설이 들어서게 한다는 것이다. 모든 집이 자신만의 비치를

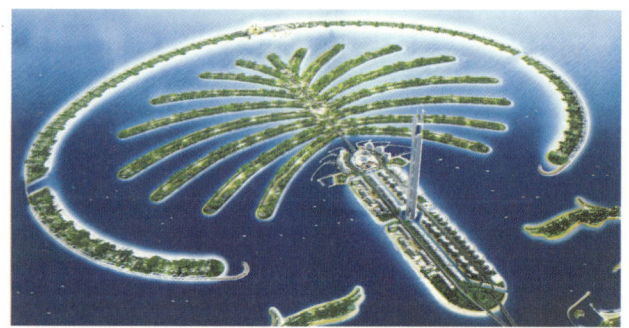

팜 주메이라

팜 제벨알리

팜 데이라

갖게 될 수도 있다.

3개의 인공 섬 가운데 가장 먼저 시작된 '팜 주메이라(Palm Jumeira)'는 가장 작은 규모로, 지름 5.5km, 면적 25㎢에 줄기 부분과 17개의 야자수 잎, 그리고 초승달 모양의 방파제로 구성되어 있다. 팜 주메이라는 공개된 지 3주 만에 분양이 완료되었다. 영국의 축구선수 데이비드 베컴과 마돈나 등이 이곳의 고급빌라를 구입하여 화제가 되었다. 모두 35개의 특급호텔, 고급빌라, 아파트, 고급쇼핑센터, 요트장 등 레저시설이 들어선다.

팜 주메이라보다 약간 더 큰 '팜 제벨알리(Palm Jebel Ali)'도 줄기 부분과 17개의 야자수 잎, 그리고 초승달 모양의 방파제로 이루어져 있다. 지름 7.5km, 면적 52.5㎢ 규모이며, 섬 한복판에는 고층빌딩으로 이루어진 중심가가 조성된다.

지름 14.5km, 면적 200여㎢로 가장 규모가 큰 '팜 데이라(Palm Deira)'는 야자의 줄기 부분과 41개의 잎, 그리고 초승달 모양의 방파제로 구성된다. 주거지역은 잎 부분에 들어서며, 총 8,000개의 2층짜리 타운하우스가 지어질 예정이다. 뉴욕의 맨해튼보다 크다는 팜 데이라는 워낙 규모가 방대해 현재 공사 진척에 약간 난항을 겪고 있지만, 두바이 당국의 의지가 강해 꼭 이뤄질 것으로 보는 사람이 많다.

## 4. 더 월드(The World)

두바이 해안 앞에 펼쳐진 아라비아 만(灣)의 푸른 바다 위로 세계 지도 모양의 인공 섬이 떠오르고 있다. 인간이 자연을 창조하는 현장이다. 해안에서 8km 떨어진 바다 위에 조성되고 있는 '더 월드(The World)' 프로젝트는 두바이의 야심찬 대형 개발 프로젝트다.

두바이 해안에서 8km 떨어진 아라비아 만에다 가로 9km, 세로 6km, 면적 50㎢의 원형 해상을 조성하고 300개의 크고 작은 섬으로 세계지도를 만들어 각각의 나라에다 고급 주택과 호텔과 쇼핑몰을 조성한다는 계획이다.

섬의 모양은 아시아, 아프리카, 유럽, 남북 아메리카, 오세아니아 등 지구의 6대륙 국가를 본뜨고 있다. 미국이나 중국처럼 큰 나라는 여러 조각으로 나뉜다. 각 섬에는 고급 빌라, 주택, 호텔, 쇼핑몰 등이 들어

더 월드의 모형. 작은 박스 안에 한국 섬이 보인다

선다. 현재 방파제 공사가 한창인 '더 월드'가 완공되면 크고 작은 섬이 바다를 수놓은 인도양의 몰디브 같은 지형이 새로 탄생하는 셈이다. 이를 세계의 갑부들에게 판매하고 있다.

4억 달러를 쏟아 붓는 이 사업은 2008년 완공할 계획인데, 이미 30여 개 이상의 섬이 분양을 끝냈다. 한국 섬의 면적은 9,000평, 값은 약 2,400만 달러로 알려져 있다.

## 5. 두바이랜드(Dubai Land)

　　　　　　　　　　두바이에서 아부다비 방향으로 가는 사막 4,271만여 평에 조성중인 두바이랜드는 두바이 정부가 '2018년까지 관광객 유치 1억 명 달성'을 목표로 힘을 기울이고 있는 세계 최대 테마파크다.

　미국 디즈니랜드의 2배에 육박하는 초대형 테마공원인 두바이랜드는 대형 유리 돔 안에다 인공으로 조성한 열대우림과 스키 슬로프, 각종 놀이시설과 박물관 등으로 꾸며진다.

　영국의 할크로우라는 업체가 총 설계를 맡고 있으며, 2007년까지 1단계 공사를 마무리하고, 2018년까지는 모든 프로젝트를 완료할 계획이다.

　6개 테마 지역을 건설하는데 들어가는 총 사업비는 무려 50억 달러. 가령 어트랙션-익스피어리언스 월드(Attraction&Experience World)에

두바이랜드 안에 지어질 스포츠시티의 조감도

는 우주과학박물관, 실내인공스키장, 실내 초대형 인공파도 풀장이 들어선다. 스포츠-아웃도어 월드(Sports&Outdoor World)에는 롤러 블레이드 등 스포츠시설, 대형 실외종합운동장, 자동차 경주장, 폴로 경기장, 18홀짜리 골프코스가 각각 들어선다.

이밖에 에코-투어리즘 월드(Eco-Tourism World)에는 동물원, 공룡월드, 과학역사박물관, 모래언덕호텔, 사막사파리 등 12개 자연체험장이 들어선다.

특히 두바이랜드 안에 15억 달러를 들여 총 400만$m^2$의 부지 위에 세워질 '기적의 팰콘 시티(Falcon City of Wonders)' 테마파크는 고대 이집트의 피라미드, 바빌론의 공중정원, 알렉산드리아의 등대, 중국의 만리장성, 프랑스의 에펠탑, 인도의 타지마할, 그리고 이탈리아의 피사의 사탑 등 '세계 7대 기적'을 도시 안에 그대로 복원할 예정이다.

피라미드, 공중정원, 등대는 실제 건축물과 동일한 크기로 만든다고 한다. 전체적인 구조와 모형은 거대한 매(팰콘)가 땅에 내려앉은 듯한 모양이 된다고 해서 팰콘 시티라는 이름이 붙여졌다.

두바이랜드가 완공되면 하루 평균 20만 명, 연간 7,280만 명에 달하는 관광객을 유치할 수 있을 것으로 전망되고 있다.

# 6. 스키 두바이(Ski Dubai)

세계 최대의 쇼핑센터라는 에미레이트 몰(Mall of the Emirates) 안에 들어있는 실내 스키장인 '스키 두바이'는 높이 62m, 길이 400m, 면적 3,000m²로 실내 스키장으로는 세계 3위의 규모다. 연간 관광객 1억 명을 끌어들이겠다는 셰이크 모하메드의 야심찬 '두바이 드림' 중 하나로 2005년 10월 완공되었다.

10억 달러가 투입돼 다양한 난이도의 인공 슬로프 5개를 갖추고 최대 1,500명을 수용할 수 있다. 천장에서는 제설기가 눈을 펑펑 쏟아내고 고드름과 얼음동굴, 살을 에는 겨울폭풍도 인공적으로 만들어져 진짜 겨울 맛을 느끼게 한다. 인공 슬로프 위에 50cm 두께로 깔린 눈은 6,000t에 이른다.

가장 큰 문제는 역시 온도 유지. 영하 7℃ 안팎의 실내온도를 유지하기 위해 특수 벽이 제작됐으며, 안과 밖의 온도차가 60도나 되기 때문

스키 두바이

에미레이트몰에서 본 스키장.
천장의 전등이 실내임을 알게 한다

에 이용객이 감기에 걸리는 것을 막기 위해 서서히 온도에 적응할 수 있는 시설도 갖춰져 있다. 2006년 2월 러시아의 테니스 요정 마리아 사라포바가 이곳에서 열린 프로모션 투어에 참가해 세계인의 눈길을 끌기도 했다.

사막에 실내 스키장을 만들어서 운영하는 것은 그 사업 자체로만 보면 적자이지만, 쇼핑몰과 연계하여 마케팅을 극대화하자는 전략이다.

## 스키 두바이, 오일달러가 만들어낸 신기루

두바이 여행 중 40℃를 넘나드는 뜨거운 사막의 열기에 지친다면 에미레이트몰 안에 있는 '스키 두바이'에 가볼 것을 권합니다. 스키장 안에 들어서는 순간 밖에서는 상상할 수 없었던 추위를 느낄 수 있습니다. 사실 영하 1~2℃ 밖에 안 되지만 워낙 더운 곳에 있다가 갑자기 체온이 떨어져서 더 춥게 느껴집니다. 우리나라에서 한겨울에 스키장에 가는 것만큼 춥지는 않지만 그래도 리프트를 타고 올라갈 때면 덜덜 떨리도록 춥습니다.

스키 두바이는 사막을 처음 방문해본 관광객들에게 눈길을 끄는 장소인 것은 물론, 눈 구경을 한 번도 못해본 중동 사람들에게도 매력적인 곳입니다.

흰 옷을 입은 아랍인 아버지들이 아이들을 데리고 스키복을 갈아입히며 즐거워하는 모습을 볼 수 있었습니다. 하지만 현지인보다 관광객이 많은 도시이다 보니 스키장에서도 역시 주를 이루는 것은 관광객들이더군요. 호주나 유럽, 미국 등지에서 가족 단위로 두바이를 찾은 관광객들을 많이 볼 수 있었습니다.

'실내 스키장이 커 봐야 얼마나 크겠어?'라고 생각하시는 분들이 있으실지 모르겠지만 실제로 보면 그 규모에 놀라게 되실 겁니다. 총 5개의 슬로프로 이루어져 있고, 가장 긴 슬로프의 길이는 400m에 이릅니다. 한꺼번에 수용할 수 있는 인원은 1,500명에 이른다고 합니다. 더운 나라에서 2만2,500㎡의 면적을 인공 눈으로 덮고, 그 넓은 공간을 영하의 온도로 유지하기 위해서는 냉방에 어마어마한 돈을 쏟아 부어야 하겠죠. 두바이를 두고 '오일 달러가 만들어낸 신기루' 라고 표현을 하는데 스키 두바이야말로 그 표현이 딱 들어맞는 곳입니다. 사막 한가운데 스키장을 지을 생각을 한 것도, 또 그 상상을 실제 현실로 만들었다는 것이 놀랍기만 했죠.

　이렇게 큰 규모의 스키 두바이가 쇼핑몰 안에 들어 있다는 사실도 놀랍습니다. 그 거대한 스키 두바이를 일부분으로 포함하고 있는 에미레이트몰의 규모는 얼마나 어마어마한지 짐작할 수 있겠죠? 몰 안에 스키장이 있어서 좋은 점도 있습니다. 가족끼리 여행을 하다가 엄마가 쇼핑을 할 동안 아빠는 아이들과 스키를 즐길 수 있다는 점이죠. 보통 아빠와 아이들은 쇼핑을 싫어하니까요. 에미레이트몰 안에는 까르푸와 극장도 있고, 여러 나라의 진미를 맛볼 수 있는 맛있는 레스토랑도 즐비하게 들어서 있습니다. 저는 터키 레스토랑에 갔었는데, 음식의 맛도 가격도 무척 만족스러웠어요.

　스키 두바이의 슬로프는 늘 최정상에 올라가 스피드와 스릴을 즐기는 스카나 보드 마니아들에게는 약간 시시하게 느껴질 수도 있지만 초보자나 중급자들이 즐기기에는 딱 알맞습니다. 완만한 경사의 초보자 코스에서는 4~7세의 어린이들에게 스키를 가르치는 유럽 부모들의 모습을 많이 볼 수 있습니다.

　스키 두바이가 여느 스키장과 다른 점이 있다면 스키 타는 사람들의 95% 이상이 똑같은 옷을 입고 있다는 겁니다. 여행객들이나 중동 사람들이나 모두 개인 스키복을 준비해오기 힘들기 때문이죠. 독특한 스키복을 준비해간다면 아마 그날 스키 두바이에서 주목 받는 스타가 될 수 있을 겁니다. 사실 스키를 아주 잘 타는 사람도 많지 않더군요.

사막의 실내 스키장 스키 두바이

　우리나라에서 스키복을 빌려 입으면 상당히 더러운 경우가 많지만 스키 두바이에서 빌려주는 스키복의 상태는 매우 깨끗해서 입을 만합니다. 스키복은 물론 부츠, 스키, 양말까지 모두 빌려주는데 장갑과 고글, 비니(모자)는 빌려주지 않아요(아이들의 경우 헬멧을 빌려줍니다). 스키 두바이 입구에 있는 장비 숍에서 판매하기는 하지만 맘에 드는 제품을 찾기가 쉽지 않지요. 장갑, 고글, 비니 이렇게 세 가지만 준비해가면 완벽한 장비를 갖추고 스키를 즐길 수 있을 겁니다. 가격은 장비 대여비 포함해서 2시간에 우리 돈으로 5만원이 채 안 됩니다. 사막에서 스키를 즐기는 경험이야말로 독특함을 넘어 가히 환상적입니다.

신경원 (여성조선 기자)

## 7. 하이드로폴리스(Hydropolis)

두바이 개발은 바다 속이라고 해서 예외가 아니다. 주메이라 해변에서 200m 떨어진 곳에서 20m 해저에 세계 최초의 해저호텔인 하이드로폴리스 건설이 추진되고 있다.

모두 5억5,000만 달러가 투입되는 하이드로폴리스를 지음으로써 팜 아일랜드와 버즈 알 아랍 호텔을 연계한 대규모 해양파크를 건설, 세계적인 관광 명소로 부각시키겠다는 것이 두바이 정부의 의도다.

하이드로폴리스는 객실 220개를 갖춘 초호화 특급호텔로 스파 시설, 컨벤션 시설, 해저 빌라 등 각종 부대시설이 들어서며 육지와 호텔을 잇는 300m 길이의 해저 터널, 잠수함 선착장까지 갖출 예정이다.

'물의 도시'로 불릴 이 해저호텔은 두께 18cm의 투명유리로 둘러싸인 3층 건물로 콘크리트와 철재, 플렉시 글라스라는 비행기 창문용 강화 아크릴 유리를 사용해 지어질 예정이다. 200여 개의 객실과 식당,

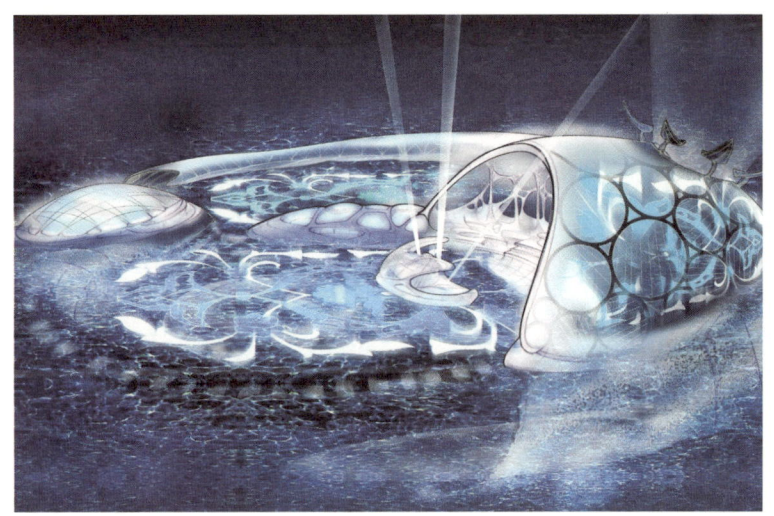

해저호텔인 하이드로폴리스 조감도

쇼핑 상가로 구성된다.

 호텔 본체는 밀폐된 공간의 특성상 손님이 느끼기 쉬운 불안감을 해소하기 위해 인공으로 낮과 밤을 연출하는 조절 시스템을 갖추는 등 세심한 신경을 기울이고 있다.

## 8. 에미레이트 골프 클럽(Emirates Golf Club)

두바이 시내에서 차로 10분 정도 거리의 사막 한복판에 있는 에미레이트 골프 클럽(Emirates Golf Club)은 중동지역 최초의 잔디 코스로 유명하다.

1988년에 개장한 이 골프장은 셰이크 모하메드가 수십억 달러의 오일달러를 들여 건설한 오아시스로 불린다.

미국의 골프장 디자이너 칼 리튼이 참여해 사막 위에 현대식 디자인으로 설계됐으며, 미국의 골프 월간지 골프다이제스트가 선정한 '세계 100대 코스'의 하나에 오른 명문 골프장이다.

1989년부터 유럽프로골프(EPGA) 투어인 두바이 데저트 클래식(Dubai Desert Classic)을 유치해 타이거 우즈, 어니 엘스 등 스타플레이어들이 펼치는 '사막의 그린 결투장'으로 유명세를 타고 있다.

하지만 사막 위에 건설한 데다 무더운 날씨에 푸른 잔디를 유지하기

두바이의 골프장들

위한 코스관리가 가장 큰 고민거리다.

  코스 관리를 위해 땅 속에다 총 30.5km에 달하는 파이프라인과 700개의 스프링클러를 통해 석유보다 비싸다는 물을 하루에 최고 1,000만 $l$ 나 쏟아 붓고 있다. 이 물을 머금고 잔디는 물론, 야자나무와 키 큰 선인장을 비롯해 전 세계에서 들여온 다양한 식물이 생명을 유지하고 있다.

  엄청난 골프장 관리비용 때문에 수익은커녕 만성 적자에 시달리고 있지만, 매년 세계 톱스타들이 출전하는 국제대회를 개최하면서 관리비용을 훨씬 웃도는 부대 수익을 올리고 있다.

## 9. 시티(City)

지식경제시대의 도래에 대응하기 위해 조성한 '두바이 테크놀러지-미디어 프리 존(Dubai Technology and Media free zone)' 사업 역시 두바이다운 발상이다. 자유지역의 핵심은 인터넷 시티, 미디어 시티, 지식마을이다.

인터넷 시티(Internet City)는 e-비즈니스와 정보통신기술 산업의 허브를 목표로 하여 2000년에 개장했다. 여기에는 마이크로소프트, 오라클, 컴팩, HP, IBM 등 700여 회사가 입주해 있고 6,000여 명에 이르는 고급 인력이 근무하고 있다. 특히 인터넷 시티는 IT강국 인도가 지척에 있어 신기술 노하우와 값싼 고급 인력을 실시간으로 수급할 수 있다는 것도 강점이다.

2001년 개장한 미디어 시티(Media City)는 세계 미디어 기업에게 '창조하는 자유'를 제공하는 것을 모토로 내세우고 있다. 중동국가의 특

멀리서 보이는 인터넷 시티

성상 금기시되어 있는 성인용 시청물의 시청이 이곳에서는 허용되는 등 입주 기업의 창조적 기업 활동을 적극 지원하고 있다. BBC, CNN, CNBC, 타임 등 850여개 기업에서 5,000여 명의 미디어 관련 인력이 근무하고 있다.

지식마을(Knowledge Village)은 인터넷 시티와 미디어 시티에 입주한 기업에 인력을 공급하는 대학이 밀집한 지역으로 현재 서던퀸즈랜드대, 미들섹스대 등 영국과 호주의 대학 분교 6개가 입주해 있고, 그 숫자는 계속 늘어날 전망이다.

두바이 당국은 또 외국인에게 세계 최고 수준의 의료서비스를 제공하기 위해 2010년 완성계획으로 헬스 케어 시티(Health Care City)를 짓

## 두바이 주요 개발도시와 참여기업 현황

### Dubai Media City

BBC        McGraw Hill
CNBC    Reuters
CNN      Sony
EMI       Time Publishing
MBC

### Dubai Internet City

Arabia.com          Hewlett
Canon Middle      Packard
East                       MasterCard Intl
Compaq                Microsoft
IBM                       Oracle Systems

### Dubai Airport Free Zone

Bang & Olufsen          DHL Worldwide
Boeing International   LVMH
Casio                            Matsushita Avionics
Chanel                         Rolls-Royce Power
Dell International

### Jeble Ali Free Zone

Acer                         Nokia
Daimler Chrysler    Philips Toshiba
Johnson & Johnson  Samsung
Nestle                      Xerox
Nissan

자료: DUBAINC, 〈Economic Profile of Dubai〉

고 있다. 하버드와 존스홉킨스대학의 고급인력이 투입되는 헬스 케어 시티는 두바이의 지정학적 장점을 최대한 살려 연간 750억 달러에 이르는 중동지역의 의료비 지출을 모두 두바이로 가지고 오겠다는 전략이다. 11만 평의 부지에 종합병원뿐만 아니라 생명과학연구소, 의과대학, 간호대학, 스포츠센터 등이 들어서고 최고급 호텔과 레스토랑, 쇼핑몰이 함께 입주한다. 특히 이란, 이라크, 시리아 등 중동지역에는 정세가 불안한 나라가 많아 안정된 환경에서 하버드와 존스홉킨스대학의 최고 의료 서비스를 받으려는 잠재수요층이 풍부하다.

이들 각종 시티는 '프리 존'이라는 이름에 걸맞게 사업인가 후 50년 동안 법인세는 물론, 소득세와 관세가 100% 면제된다. 공장이나 사무실 등 부동산에 대한 완전한 소유권이 인정된다. 본국으로의 송금과 환전에 대한 규제도 없다. 아랍국가에 일반적으로 적용되는 '스폰서 제도'도 여기에서는 적용되지 않는다. 두바이는 자유지역을 외국기업 유치의 지렛대로 활용하면서 중동의 무역과 지식산업의 허브로 키우고 있다.

DUBAI

Chapter 3

# 모든 항로는 두바이로 통한다

오늘날 두바이의 성공비결은 뭐니 뭐니 해도 홍보의 성공에서 찾는 사람이 많다. 아무 것도 없는 허허벌판에서 최첨단 마천루 도시로 두바이를 변모시킨 이면에는 치열한 국가적 홍보전략과 마케팅 기술이 자리 잡고 있다. 특히 모하메드 지도자는 자신의 독창적인 국가전략을 대내외에 절묘하게 포장시킬 줄 아는 정치적 홍보능력을 지니고 있다.

# 1. 두바이의 부자 마케팅

　　　　　　　　　　불과 얼마 전까지만 해도 중동의 자그마한 어촌에 불과했던 두바이가 세계적인 비즈니스 도시로 탈바꿈하고 있다. 두바이는 지금 전 세계에서 몰려온 외국 기업과 관광객으로 발 디딜 틈이 없다. 수십 년 전 똑같이 사막에 세워진 미국의 라스베이거스가 '환락의 도시'로 자리매김했다가 뒤늦게 글로벌 도시로 변화를 시도하고 있다면, 두바이는 처음부터 '세계화의 상징'이 되고 있다.

　두바이의 여름은 고온다습한 전형적인 사막기후로, 낮 기온이 무려 50℃를 오르내린다. 이런 최악의 기후에도 불구하고 두바이는 지금 외국 비즈니스맨과 관광객의 물결로 만원이다. 전 세계 외국기업이 중동·아프리카 지역본부를 대부분 두바이에 두고 있어 비즈니스맨의 출장이 크게 늘고 있고, 중동·아프리카 지역에서 전시회 산업이 가장 발달해 바이어와 관람객도 대거 방문하고 있다.

버즈 알 아랍 호텔 내부의 화려한 모습

두바이 크릭

두바이의 성공은 원유수입에만 의존하지 않았다는 데 있다. 외국인의 유입과 활발한 경제활동에 힘입어 상업 및 거주용 건물에서 나오는 수입(분양 및 임대)과 각종 수수료(비자, 자동차세 등) 수입을 극대화시키고, 여기에다 외국자본을 끌어들이기 위해 부단히 노력했기 때문이다. 각종 개발 계획에 외국 기업을 적극적으로 참여시키는 것도 이런 이유에서다. 2003년엔 외국인 직접투자가 20억 달러를 넘었다.

두바이는 세금이 없는 나라다. 개인소득세도 없고, 법인세도 없다. 개인이든 법인이든 돈을 벌어도 세금을 부과하지 않는다. 부가가치세도 기본적으로 없다. 그렇다면 나라를 어떻게 운영할 수 있을지 궁금하다. 바로 국가가 사실상 소유하고 있는 항공사, 정유사, 부동산 개발 회사 등이 비즈니스를 통해 수익을 내면 이 돈으로 나라를 운영한다.

두바이는 9.11테러와 이라크 전에도 불구하고 중동에서 가장 안전한 곳으로 인식되어 사우디아라비아, 쿠웨이트, 이란 등 인근 국가와 세계 부유층이 몰려오고 있다. 그래서 두바이 정부는 금융 중개지가 되기 위해 힘을 쏟고 있다. 2003년 9월 IMF 연례 총회 개최를 계기로 두바이 국제금융센터(DIFC: Dubai International Financial Center)를 2005년에 건립하여 아랍세계의 금융 중심지 역할을 지향하고 있다. 두바이는 또한 런던과 취리히에 이어 세계에서 세 번째로 많은 양의 금이 거래되고 있는 곳이기도 하다.

이렇게 세계의 자본과 부자가 몰리고, 이들이 고급 아파트와 주택을 너도나도 구입하면서 두바이 부동산 가격도 급등했다.

두바이의 개발 사업은 정부와 민간개발업체 간의 밀접한 협력을 바탕으로 이루어지고 있다. 나크힐(Nakheel), 에마르(Emmar), 두바이 홀

아랍풍의 두바이 실내 쇼핑 상가 모습

딩스(Dubai Holdings)로 대표되는 3개의 개발업체는 국유지를 무상으로 지원받아 개발한다. 이들 개발 사업에 외자를 적극적으로 끌어들이기 위해 두바이의 법령을 국제적 기준에 맞게 바꾸어 나가고 있다.

두바이 전체는 하나의 공사판이다. 두바이 남쪽 지역의 셰이크 자예드 거리 주변은 수십 개에 이르는 40층 이상의 고층 빌딩, 아파트, 호텔이 즐비하게 늘어서 있고, 지금도 엄청난 물량이 건설되고 있다. 특히 미국, 영국, 프랑스 등 선진국에서 온 부자들은 아파트보다 빌라식 주택을 선호함에 따라 아라비아만을 바라보는 두바이 해변에는 고급 빌라들이 하루가 멀다 하고 건설되고 있다.

고급 빌라 주변에는 흔히 최고급 쇼핑센터가 있으며, 시내 곳곳에도 세계적 명품 판매점이 들어선 대형 쇼핑센터가 관광객들의 지갑을 털어 버린다. 외국인에게 폐쇄적인 일부 주변 중동국가와 달리 두바이 정부는 외국의 부자 자본과 관광객을 끌어들이기 위해 가능한 모든 수단을 다 선택하고 있다.

두바이의 지도자 셰이크 모하메드는 전 세계 쇼핑객을 끌어들이기 위한 대규모 바겐세일 행사 아이디어도 냈다. 겨울에 이어 여름에도 열리는 '두바이 여름 쇼핑 페스티벌(DSS: Dubai Summer Surprise)' 기간에는 2004년의 경우 151만 명이 몰려와 4,200억 원을 쓰고 갔다. 방문객과 쇼핑 금액은 5년 전인 1999년에 비해 2배 가량 늘어났다. 세계의 부자를 상대로 벌이는 두바이의 초(超)마케팅 능력은 당분간 계속 위력을 발휘할 전망이다.

## 2. 두바이의 홍보 전략

오늘날 두바이의 성공비결은 뭐니뭐니 해도 홍보의 성공에서 찾는 사람이 많다. 아무 것도 없는 허허벌판에서 최첨단 마천루 도시로 두바이를 변모시킨 이면에는 치열한 국가적 홍보 전략과 마케팅 기술이 자리 잡고 있었다.

특히 모하메드 지도자는 자신의 독창적인 국가전략을 대내외에 절묘하게 포장시킬 줄 아는 정치적 홍보능력을 지니고 있다. 그는 외국인의 눈길을 잡아당기지 못하면 실패라고 생각했다. 그래서 '세계 최초, 세계 최고, 세계 최대' 라는 구호를 만들었고, 세계 최고의 기업과 자본으로 하여금 두바이에 군침을 흘리도록 만들었다.

국가적인 이벤트 홍보로 세계적인 이목을 집중시키고, 쇼핑 페스티벌과 스포츠 이벤트를 주기적으로 개최하고, 7성 호텔인 버즈 알 아랍을 비롯한 각종 관광 인프라를 조성하여 관광객을 유치했다. 두바이의

버즈 알 아랍 호텔의 낮 모습

관광객은 2002년 480만 명에서 2005년에는 600만 명을 넘었으며, 2010년에는 1,500만 명으로 예상되고 있다.

사막에 석유도 많이 나지 않고 변변한 부존자원 하나 없는 어촌에 전 세계의 돈을 끌어 들이기 위해서 한쪽으로는 개발을, 또 다른 한쪽으로는 홍보를 진행해온 모하메드 지도자의 전략이 결과적으로는 대성공을 거두었다.

두바이 크릭 골프 요트 클럽

그의 세계적인 홍보 마케팅은 어느 홍보 전문회사보다 탁월한 기법을 자랑한다. 우선 각 업계의 간판 기업부터 유치함으로써, 다른 기업이 따라 들어오지 않을 수 없도록 만들었다. '큰 놈부터 잡으면 작은 놈은 저절로 잡힌다'는 전략을 그대로 활용한 셈이다.

가령 두바이에 있는 인터넷 시티를 비롯한 자유지역에는 마이크로소프트, 시스코, CNN, 로이터 등 세계적인 회사들이 가장 먼저 들어왔다.

'세계 최초 세계 최대 세계 최고'라는 타이틀도 대외홍보에는 커다란 시너지 효과를 거두었다. 세계 최초의 7성급 호텔인 '버즈 알 아랍' 호텔과 세계 8대 불가사의로 명명된 '팜 아일랜드' 등은 기존의 휴양 리조트에 식상한 유럽 부호들에게 신선한 자극을 주며 단기간의 광고

스키 두바이 내부

효과를 유발하는데 성공했다.

 이를 알리는 데는 해외 유명 스타를 동원한 각종 이벤트 및 대규모 국제행사를 개최하는데 주력했다. 지금은 두바이의 랜드마크가 된 버즈 알 아랍 호텔의 헬리포트 장에 골프황제 타이거 우즈를 초청해 걸프만을 향한 드라이브샷을 연출하고, 안드레 아가시를 비롯한 세계 정상급 선수들의 테니스 시합을 개최했다.

 이밖에 세계의 적토마들이 총집결해 벌이는 600만 달러짜리 경마대회인 두바이 월드컵 경마, 샤라포바를 비롯한 세계 톱 플레이어들이 출전하는 두바이 듀티 프리 테니스 토너먼트, A1 그랑프리 두바이 등 스포츠 마케팅을 통해 두바이를 역동적이면서도 매력적인 장소로 자리매김하는 전략을 추진했다.

## 3. 두바이의 물류 전략

두바이의 야심은 세계 물류 전초 기지가 되겠다는 전략에서도 찾아볼 수 있다. 과거 두바이는 인도에서부터 메카로 성지순례를 가는 무슬림이 짐을 싣고 거쳐 지나가는 지역이었다고 하지만, 당시에는 원시적인 수준이었다.

하지만 지금은 다르다. 두바이는 걸프 일대에서 대형 선박이 정박할 수 있는 유일한 지역이며, 유럽과 아시아·태평양의 중간에 위치하고 있어 지리적으로 발전 잠재력이 크다는 점을 셰이크 모하메드는 최대한 노렸다.

두바이의 지도자는 싱가포르를 적극적으로 벤치마킹한 결과, 단순한 금융센터로서는 한계가 있으며 물류기지까지 되어야겠다는 전략을 세웠다. 두바이의 지리적 위치상 20억 명에 가까운 소비자가 있는 중동 전역은 물론 북아프리카, 독립국가연합(CIS), 유럽 등으로 빠르게

두바이 항구의 모습. 작은 박스 안은 예전 모습

연결될 수 있다는 점도 물류 기지를 강화하겠다는 결심을 굳히는 배경이 됐다.

그런 바탕 위에서 두바이의 물류전략은 공항과 항만을 통합하고, '자유지역' 이라는 파격적인 물류 거점을 건설하는 것으로 요약됐다.

흔히 두바이에 외국기업이 몰리는 이유로 '4무(無)' 와 '2다(多)' 를 지적한다. 4무란 무세금, 무제한 외환거래, 무노동쟁의, 무스폰서를 말한다. 2다란 다양한 물류여건, 다양하고 편리한 지원 시스템을 갖춘 원스톱 행정을 말한다. 각종 세금과 금융규제, 노사문제가 없는 기업천국이란 의미다. 스폰서 제도란 일반적인 아랍국가의 원칙으로 외국자본이 49% 이상 투자하지 못하고 자국의 기업이나 개인을 후원자로 두어야 사업이나 근로가 가능하도록 만든 제도이지만, 자유지역에서는

두바이 항구의 컨테이너들

이를 파괴했다. 두바이의 자유지역에는 우리나라의 자유무역지대와 같은 개념이 아니라 외국인을 위한 특구 형식으로, 무역만이 아니라 테마형 자유지역 형식으로 개발되고 있다.

현재 두바이는 공항으로는 두바이 국제공항과 항만으로는 라시드 항, 제벨알리항을 보유하고 있다.

두바이 국제공항은 세계 105개 항공사, 145개 노선을 가진 중동의 허브(hub)로 발전하고 있으며, 세계에서 가장 성장 속도가 빠른 공항이다.

항공 분야에 대한 모하메드 지도자의 관심은 상상을 초월한다. 하늘을 장악하지 않고서는 두바이의 명성이 오래 갈 수 없다고 판단한 그는 9·11 테러 이후 항공업계가 극도로 위축되어 있던 2003년 6월, 사상 최대 규모의 항공기 구매 주문을 냈다.

에미레이트 항공 여객기 모습

바로 두바이 정부가 100% 출자한 에미레이트항공이 보잉과 에어버스 기종을 합쳐 모두 71대, 금액으론 191억 달러의 주문을 냈다. 두바이는 앞으로 초대형 여객기인 A-380이 취항할 수 있도록 두바이 국제공항에 대한 대규모 확장공사를 벌이는 동시에, 화물 중심의 제벨알리 국제공항도 별도로 건설하고 있다.

제벨알리 국제공항은 총 6본의 활주로 중 4본을 화물 전용으로 개발하는 등 화물에 특화시킬 예정이며, 기존의 두바이 국제공항은 여객 중심으로 운영한다는 전략이다. 제벨알리 국제공항은 1985년에 조성된 두바이 최대의 인공항구인 제벨알리 항만의 배후에 위치하고 기존 제벨알리 자유지역과 연계되어 있다.

제벨알리 자유지역(JAFZ)에는 1985년 설치된 중동 최초의 경제특구로, 인근 국가는 물론 서남아시아와 아프리카 등을 연계하는 중계무역

### 두바이 자유지역 현황

| 운영 중인 자유지역 | 계획 중인 자유지역 |
|---|---|
| · Jebel Ali Free Zone (1985)<br>· Dubai Airport Free Zone (1996)<br>· Dubai Internet City (2000)<br>· Dubai Cars and Automotive Zone (2000)<br>· Gold and Diamond Park (2001)<br>· Dubai Media City (2001)<br>· Dubai Metals and Commodities Center (2002)<br>· Dubai Silicon Oasis(2002)<br>· Dubai Knowledge Village(2003)<br>· Dubai Aid City (2003)<br>· International Media Production Zone(2003)<br>· Dubai Outsource Zone (2004)<br>· Dubai Flower Center (2006) | · Heavy Equipment and Truck Free Zone<br>· Dubai Logistics City<br>· Dubai Maritime City<br>· Dubai Studio City<br>· Dubai Healthcare City<br>· Dubai Textile City<br>· Dubai Industrial City<br>· Dubai Auto Parts City<br>· Dubai Biotechnology and Research Park<br>· Mohammed bin Rashid Technology Park |

거점을 지향한다. 두바이 시내에서 서쪽으로 30분쯤 달리면 제벨알리 자유지역이 나타나고 전 세계에서 몰려와 이곳에 사무실을 열고 있는 3,000여개 기업의 이름과 컨테이너가 끝없이 늘어서 있다. 여의도의 10배 크기인 제벨알리 자유지역에는 두바이를 중동 전체의 무역 센터로 변모시킨 인프라다. 연간 45만개의 컨테이너가 오가면서 두바이 교역의 40%가 이곳을 통해 이루어지고 있고, 대부분의 외국기업이 물류센터를 설치하고 있다.

두바이 정부가 세금과 관세를 면제하고 사용 수수료만 받기 때문에 외국기업은 일단 이곳으로 진출한 뒤 중동 전역으로 상품을 내보내는 물류센터이자 전진기지로 활용하고 있다. 이에 따라 제벨알리 항만은

2005년 750만TEU(20피트 컨테이너)를 처리하면서 세계 10위권 항구에 진입했고, 2020년에는 1,500만TEU의 컨테이너를 처리할 계획이다.

두바이 당국에서는 제벨알리항 배후지역에다 제벨알리 국제공항을 건설하여 공항과 항만, 그리고 주변 지역을 종합적인 물류도시로 개발한다는 전략이다.

최근에는 '제벨알리항과 제벨알리 자유지역의 항만중심 전략' 과 '두바이 국제공항과 두바이 국제공항 자유지역의 항공중심 전략' 을 통합하는 방향으로 나가고 있다.

이 과정에서 심지어 사막의 나라 두바이가 세계적인 꽃 유통시장으로 변모하는 모습도 발견된다. 네덜란드와 함께 세계적인 꽃 산지로 꼽히는 아프리카 케냐에 직항로를 연결하고 있는 두바이의 존재는 갈수록 네덜란드에 위협적인 존재로 떠오르고 있다. 꽃 산지와 수요처를 직항로로 연결하면서 꽃 물류의 중심 기지로 등장했기 때문이다.

두바이는 물류의 중심기지 역할을 위해서 세계 각국의 과일, 채소, 식품도 무관세로 수입하여 값싸게 공급하고 있다. 중동 이슬람 문화의 금기 식품인 돼지고기와 술도 외국인은 구입할 수 있다. 외국인은 두바이의 개방된 자세에 잠시 충격을 받기도 하고, 감탄사를 연발하기도 한다.

## 4. 두바이의 허브 전략

　　　　　　　　　　두바이는 중동의 물류 허브를 넘어 세계의 공항으로 자리매김하기 위해 달음질을 멈추지 않고 있다. 두바이 공항은 2004년 이용승객이 2,170만 명에 달했고, 2005년 상반기에는 1,200만 명의 승객이 다녀갔다. 두바이 공항의 이용 승객은 1998년 이후 매년 10~15%씩 증가하고 있는데, 2004년에는 증가율이 무려 20%에 달했다. 국제민간항공기구(ICAO)가 최고의 국제공항으로 인정했을 정도로 고객 서비스도 일류 수준이다.

　두바이의 최고급 고객 맞춤서비스는 두바이 국제공항에 내리면서부터 실감한다. 국영인 에미레이트항공에선 일등석이나 비즈니스석 승객에게 두바이 도착 직전 조그만 티켓을 나눠준다. 공항검색대 앞에서 길게 줄을 서 기다릴 필요없이 신속하게 통과할 수 있는 패스트 트랙(fast track) 티켓이다. 그 옆에는 따로 e게이트가 설치돼 있어, 카드를 대기만 하면 공항검색대를 그냥 통과할 수 있다.

두바이 공항은 각종 행정절차를 간소화했을 뿐만 아니라 공항 근무자의 국적이 70개국을 넘어 다양한 언어 서비스가 가능하도록 만들었다. 24시간 체제로 운영돼 자정 이후에도 승객들로 북적대고, 면세점은 발 디딜 틈이 없다.

두바이 국제공항에 취항하는 항공사는 105개사이며, 이들은 세계 145개 도시로 취항하고 있다. 두바이는 넘쳐나는 여행객과 화물을 소화하기 위해 40억1,000만 달러를 들여 제3 터미널 확장공사를 진행하고 있다. 확장이 완료되는 2007년 8월이면 연간 7,000만 명의 승객을 처리할 것으로 예상된다. 이는 런던 히드로 공항을 능가하는 규모다.

### 에미레이트항공의 신화

두바이에 본사를 두고 있는 에미레이트항공(Emirates Airline)은 '하늘의 두바이'라고 표현해도 무방할 정도로 세계 항공업계를 긴장에 몰아넣고 있는 항공사다.

대단한 실적뿐만 아니라 두바이의 발전전략과 흡사한 공격적인 경영전략이 눈길을 끈다. 실제로 에미레이트항공의 회장은 두바이 지도자인 셰이크 모하메드의 친척이다.

에미레이트항공은 1985년 창립 이후 연평균 20% 성장, 18년간 연속 흑자, A380 등 첨단 항공기 최다 보유, 280여 개의 국제 항공상 수상 등 다양한 기록을 보유하고 있다.

최근에는 항공사 중에 유일하게 독일 월드컵 공식 후원사로 활동해 주목을 받았다. 보유 중인 92대의 항공기 평균 나이가 61개월로, 업계

항공사로는 유일한 독일 월드컵 공식 후원업체인 에미레이트 항공

평균보다 10년 이상 낮다. 물론 이것은 아낌없는 투자의 결과다. 특히 9·11 테러로 항공업계가 몸살을 앓고 있던 2003년 6월 에미레이트항공은 사상 최대 규모의 주문을 내 항공업계를 발칵 뒤집었다. 주문 내역은 보잉 및 에어버스 기종을 합쳐 모두 71대. 금액으로 191억 달러에 이르렀다.

에미레이트항공은 '최고·최대·최초'를 지향하는 두바이의 성장 전략을 마케팅에 그대로 활용하고 있다. 1992년 모든 기종과 좌석에 개인 비디오 시스템을 항공업계에서 가장 앞서 설치했다. 일등석에는 업계 최대인 19인치 대형 개인 비디오 스크린이 장착되어 있다. 특히 2005년 5월 1일부터 인천~두바이 노선에 매일 취항하면서 국내 외국 항공사 중에 가장 공격적인 마케팅 전략을 구사하고 있다.

세계 57개국 80여 개 도시에 취항하는 에미레이트항공은 '세계의 허브'인 두바이를 최대한 활용하고 있다.

'유럽이나 아프리카로 가는 도중 반드시 방문할 가치가 있는 장소'로 두바이를 인식시키고 있다. 이 때문에 유럽을 가면서도 두바이 고급호텔에서 1박을 하는 한국 신혼여행객도 늘고 있다.

회사 측은 두바이를 경유할 때 머무는 스톱오버(stop-over) 기간 중 관광과 쇼핑을 하는 프로그램을 대거 내놓았다. 가령 2인실을 기준으로 1인당 하루 65달러의 비용으로 이틀 동안 두바이에 머무르는 특별 패키지를 내놓기도 했다.

세계 100여 나라 국적에 7,000여 명의 승무원을 두고 있는 에미레이트항공은 한국인 승무원만 400여 명을 기용하고 있다. 인천~두바이 노선에는 최소 3명이 탑승한다.

회사 측은 한국 취항 이전에 국내 교수진을 두바이에 초청, 각국 승무원에게 한국인 승객에 맞춘 서비스 교육까지 실시했다. 한국인의 입맛을 겨냥하여 김치, 고추장, 갈비, 미역국, 된장국, 김치볶음밥 등 다양한 메뉴를 제공하고 있다.

2005년 10월 말엔 대한항공과 인천~두바이 코드쉐어(좌석공유) 협정을 체결했고, 항공화물 코드쉐어도 맺었다.

## :: 두바이에 가면 두바이 법을 따르라

Information

두바이에 처음 와서 트레이닝을 받기 전 회사에서 신입사원들을 위해 준비하는 첫 프로그램이 무엇인줄 아십니까? 바로 정신없어 하는 우리를 태우고 두바이 박물관에 데리고 가는 것입니다.

김지선
에미레이트항공 승무원

물론 환영의 의미로 관광을 시켜주려는 의도도 있을 것이고, 그 보다 더 중요한 이유는 다른 환경에서 온 저희들에게 아랍의 문화를 소개해 주려는 의도에서 입니다.

버스 안에는 아라빅 드레스를 입은 남자 교육관이 함께 탑승을 하고 시내에서 박물관까지 가는 길에 두바이에 대한 전반적인 소개를 해줍니다. 역사며 전통을 아주 열정적으로 이야기를 하고는 문화의 존중에 대한 중요성에 대해 다시 한번 강조합니다.

'로마에 가면 로마법을 따르라' 라는 말이 있듯이 자국이 아닌 타국에 있을 때는 그들의 문화를 존중해 주는 것이 기본적인 방문객으로서의 자세입니다.

우리나라에서도 윤리와 도덕이 강조되듯이 다른 나라에서도 타인에 대한 배려라든지 공중도덕이라는 것이 중요시됩니다. 특히나 중동지역은 이슬람의 영향으로 인해 지금까지도 상당히 절제된 문화가 편중되어 있는 곳입니다.

술이나 돼지고기를 먹는 것을 아직까지도 금기시하고 있으며 미혼의 남자와 여자가 공석에서 함께 연인 행각을 한다는 것은 21세

두바이의 해변 리조트. 외국인들이 붐빈다

기인 현재에도 찾아보기가 쉽지 않습니다.

라마단 기간 동안에는 철저히 금식을 지키면서 여전히 하루에 다섯 번씩 알라에게 기도를 올리는 사람들이니 그들 문화에 있어서 이슬람의 영향력이 얼마나 대단한 것인지 짐작이 가능하실 겁니다.

두바이는 최근 유럽인들이 많이 몰려와서 아랍의 문화와 유럽의 문화가 조금씩 섞여지고 있지만 그래도 귀족 출신들은 여전히 코란을 배경으로 한 삶을 살고 있습니다.

박물관 구경이 끝나고 교육관은 다시 한번 강조합니다. "우리는 남녀가 유별이고 내외를 하는 것이 기본적인 예의이니 데이트를 할 때 특히나 공공의 장소에선 애정행위를 삼갈 것이며, 간단한 인사 정도나 손을 잡는 것 정도는 괜찮지만 길거리에서 진한 프렌치 키스를 하면 그건 국법에 어긋나는 행위"라고 말해줍니다. '정사는 집에서 즐겨라' 라고 농담반 진담반으로 저희에게 세뇌를 시킵니다.

엊그제 오랜만에 친구와의 만남을 위해 운전대를 잡고 가던 중 라디오를 듣다보니 재미있는 기사를 들었습니다. 두바이의 유명 호텔들이나 새로 지어지고 있는 섬들은 모두 주메이라라고 불리는 해변에 자리하고 있습니다.

거기에 유명한 7성 호텔도 있고, 팜 아일랜드도 있어 참 아름답습니다. 사막 한가운데 해변이 놓여 있다니 상상이 잘 안 가실지 모르겠지만, 날씨 좋은 날이면 비키니를 챙겨 입고서 모래밭에 깔 수영 타월 하나, 책 한 권 사뿐히 챙겨들고 찾아가는 곳이 바로 이 주메이라 비치 입니다.

그런데 그 아름다운 해변에서 유럽의 아줌마들이 '탑리스'를 한 채로 썬탠을 하고 수영을 했다는 겁니다. 어린 아이들도 많이 있는데 말이죠. 그 광경을 보고 있던 현지 사람이 그렇게 하면 안 된다고 경고를 했는데도 불구하고 계속 웃통을 벗어 던진 채로 사람들의 시선을 한 몸에 받았답니다. 결국엔 주민신고를 받은 경찰이 와서 유럽 아줌마들은 영락없이 경찰서로 잡혀 갔다는 내용의 뉴스였습니다.

날씨 좋은 날 독일 뮌헨에 있는 공원에 산책을 나가면 전신 나체를 한 사람들이 공원 한가운데에서 몸을 뉘고 썬탠을 하는 모습을 볼 수 있습니다. 남녀노소 불문하고 말입니다. 그렇다고 누구 하나

그들을 유심히 쳐다보는 사람은 없습니다. 햇볕이 잘 나지 않는 유럽 사람들에게 두바이의 강한 햇살은 얼마나 매혹적이었을까요. 탑리스가 아니라 나체로 뛰어놀지 않은 것이 다행이다 싶었습니다.

세계가 점점 하나가 되어가고 있고, 그러한 추세에 발맞추어 사람들은 외국으로 여행이다 출장이다 많이들 다닙니다. 하지만 타국에 갈 때에는 그 나라의 문화에 대한 기본은 인지를 하고 있어야 합니다.

까딱 잘못 했다가는 위의 아줌마들처럼 휴가를 왔다가 경찰서로 끌려가게 되는 아이러니한 일이 발생할 수도 있으니까요. 남의 문화를 존중하는 것이 우리도 존중 받을 수 있는 유일한 길입니다.

DUBAI | Chapter 4

# 우리가 가야 할 길을 앞서 간 두바이

두바이는 자기만의 독특한 생존전략은 물론,
새로운 개발 컨셉트를 어느 나라보다 빠르게 받아들여 자기 것으로 만들었다.
독창적 아이디어와 역발상의 도시개발 모델로 '중동의 싱가포르'로 불리는
두바이의 개발 전략과 교훈을 알아본다.

## ■ 벤치마킹해야 할 두바이의 성공 전략

최근 두바이에 대한 연구가 활발해지면서 국내에서도 각 기업과 경제연구소, 그리고 경제단체를 중심으로 관련 분석이 쏟아지고 있다. 사실 두바이에 대해서는 다양한 관찰과 분석이 필요하다. 왜냐하면 두바이는 꿈틀거리는 생물체와 같아서 자기만의 독특한 생존전략은 물론, 새로운 개발 컨셉트를 어느 나라보다 빠르게 받아들여 자기 것으로 만들어버리기 때문이다. 그런 점에서 재계의 총 본산이라고 할 수 있는 전국경제인연합회가 두바이의 개발 전략과 교훈에 대해 분석했다. 그 내용을 요약, 소개한다.

### 두바이 프로젝트의 성공 요인

두바이 프로젝트는 '중동의 싱가포르'를 위한 첫걸음이다. 두바이는 UAE 7개 토후국 중 하나로써 전 세계 항공사가 취항하는 교통, 비즈니스, 특히 국제 유류 교역의 중심지다. 1960년대 셰이크 라시드

하늘에서 본 두바이 크릭 골프 요트 클럽

(Sheikh Rashid) 지도자는 오일산업에 전적으로 의존해온 중동지역의 석유고갈에 대비해 산업구조 개혁을 도모했다. 적극적 개방정책을 토대로 오일머니를 산업 인프라 구축에 투자해 중동의 경제중심지를 건설하는 과정에서 두바이 프로젝트가 탄생했다.

우선 관광·무역·금융 등 모든 측면에서 두바이의 산업경제구조를 다각화하는 방안이 추진됐다. 셰이크 모하메드 왕세자는 석유에 의존하는 대신 관광·무역 등으로 산업구조를 다각화하는 전략적 개발 사업을 추진했으며, 골자는 GDP에서 차지하는 석유 의존도를 6% 미만

두바이의 금시장

으로 낮추는 것이다. 실제로 두바이의 석유부문 GDP 기여도는 1990년 32.4%에서 2003년 4.4%로 비중이 감소했다.

두바이는 차세대 성장 동력으로서 금융·관광·무역 허브 구축에 역점을 두고 대규모 개발 프로젝트를 진행해왔다. 세계 최고층 빌딩인 버즈 두바이(800m)를 비롯해 사막의 실내 스키장, 야자수와 세계지도 모양의 인공 섬 등 세계적 관광단지를 조성하고 있다. 중동의 실리콘 밸리를 목표로 2002년부터 720만㎡에 이르는 두바이 실리콘 오아시스 테크놀로지 파크를 건설하고, 지역경제 금융 허브 조성을 위해 두바이 국제금융센터(DIFC)의 설립을 추진했다. 인터넷·무역·미디어·헬스·교육·스포츠시티 등 10여개 경제자유구역을 지정하여 해외 기업의 유치를 위한 규제완화를 시행했다. 이 과정에서 나크힐(Nakheel), 에마르(Emaar), 두바이 홀딩스(Dubai Holdings)와 같은 주요 개발회사들이 정부로부터 국유지를 지원받아 시공을 하고 있다.

이와 함께 고급·대형 호텔 및 리조트 건설에 대한 투자도 활발하다. 해외 관광객 급증으로 호텔에 대한 수요가 커지고 호텔의 고급화·대형화가 진행되면서, 7성급 호텔인 버즈 알 아랍을 비롯한 270여개 호텔에서 연간 10억 달러 이상의 수입이 창출되고 있다. 두바이의 호텔은 2004년 276개로 2001년(264개)에 비해 12곳이 증가하였고, 객실점유율은 2001년 60.9%에서 2004년 81%로 급증했다. 호텔산업의 수입은 2003년 기준 10억8,500만 달러에 이르며, 2010년까지 400개의 호텔 건설을 목표로 하고 있다. 두바이 랜드(Dubai Land), 팜 아일랜드(Palm Island) 및 더 월드(The World) 등 주요 관광지를 중심으로 대형호텔 및 고급주택 건설이 활발하다.

그럼, 두바이 프로젝트의 성공요인은 무엇일까.

첫째, 독창적 아이디어와 역발상의 도시개발 모델 창출

두바이는 태양과 바다, 사막과 같은 단조로운 자원에 창의적인 아이디어를 활용해 세계적 관광 중심지로 도약했다. 상징적 규모(800m 높이의 버즈 두바이 빌딩)의 건축물, 인공호수, 주거·레저시설이 들어선 야자수 모양의 거대 인공 섬 등 기발한 아이템을 개발했다.

최고급을 지향하는 리조트 시설, 사막에 초고층 초대형의 빌딩 건설

버즈 알 아랍 호텔. 작은 사진은 테니스 경기를 벌이고 있는 헬리포트

과 불가능해 보이는 간척사업을 실현하고, 세계 쇼핑 축제 등 국제적 이벤트를 개최했다. 그 과정에서 고급화 전략을 밀고 나가고, 다양한 아이디어의 현실화를 위해 선(先) 공급 후(後) 수요 창출의 역발상식 두바이 도시개발 모델이 만들어졌다.

**둘째, 해외자본 유치를 위한 'Open Sky Policy'**
두바이는 외국인 토지임차 및 소유권 보장으로 친비즈니스 환경을

두바이 화폐에 새겨져 있는 두바이 골프장 모습

조성했다. 외국인과 외국기업에 대해 토지임차권(99년간)을 제공하고, 제벨알리와 같은 자유무역지대 내 외국인 토지소유권을 100% 보장했다. 주택 구입 때 주거비자가 발급되고, 거래가 2%의 등록세를 제외하고는 세금을 면제했다.

그 결과, 부동산 투자가 급증하면서 두바이 전체의 부동산 가격은 175% 상승했고, 2005년도 거래액은 2003년과 비교할 때 2.93배 증가했다. 여기에는 폭 넓은 세제혜택과 규제완화 등 해외 투자자본 유치를 위한 정책적 노력이 가미됐다. "기업에게 좋은 것이 두바이에게 좋은 것이며, 두바이에서는 실패를 제외한 모든 것이 가능하다"는 것은 두바이 당국의 모토다.

　소득세, 법인세, 부가가치세 면제 및 관세 5% 부과 등 개인 및 기업 투자자의 활동을 적극 지원했다. 금융자유구역을 헌법으로 명시해 다국적 기업의 참여를 촉진하고 건설 프로젝트를 진행할 때 용적률이나 층높이 제한을 완화했다. 특히 해외자본을 역내 SOC(사회간접자본) 기반 조성에 투자해 지역개발을 주도했다.

　현재 두바이의 지역 프로젝트에는 바레인, 사우디아라비아와 같은 인근 석유 부국을 비롯한 미국과 영국의 해외개발 투자자들이 참여하고 있다. 이를 위해 외국인 투자자 및 입주자의 물리적·제도적 여건과 생활환경도 개선시켰다. 가령 약 80개의 외국인학교가 설립됐고, 세계적 수준의 의료 서비스를 제공하는 헬스 케어 시티가 2010년 완공될 예정이다.


**셋째, 국제 관광도시 인프라와 고객중심 서비스 전략**

　두바이는 중동지역 개발 투자 자금의 유입과 함께 전 세계 관광객과 이주민들의 유입으로 대표적인 국제도시로 성장했다. 인종과 문화가 융합된 140개 이상 다국적 인구의 국제도시로 해외 관광객들에 대한 편의와 안전을 철저히 배려하고 있다.

　비즈니스와 관광 등에서 고액거래가 이뤄질 때 안심할 수 있도록 완벽하게 치안이 유지되고 있다. 그러면서도 항공·항만 개방으로 전 세계 교통을 집중하여 중동의 관문도시이자 코스모폴리탄 도시로 자리매김하고 있다.

　가령 항구에 관세를 면제하는 자유무역지대를 설치하고, 두바이 국제공항은 에미레이트항공을 전 세계로 직항 연결하고 있다. 특히 고객의 편의를 중시하는 비즈니스 마인드로 인해 두바이 국제공항은 입국 시 평균 6분이 소요되고, 한국을 포함한 비자 면제국이 35개국에 달한다. 관광산업 종사자들의 유창한 의사소통 능력으로 전 세계 관광·비즈니스 방문객의 편의를 보장하고 있다.

### 넷째, 세계적인 홍보 마케팅 전략

전 세계적인 쇼 케이스 홍보를 통해 해외 주요 기업을 유치함으로써, 관련 기업의 투자신뢰도 향상은 물론 간접적인 홍보효과도 유발하고 있다. 자유경제구역 내에 마이크로소프트, 시스코, CNN, 로이터 등을 앞장서 유치한 것이 대표적이다.

'세계 최초·최대·최고'라는 타이틀을 내걸고 시작한 대외홍보에서도 시너지 효과를 노렸다. 세계 최초의 7성급 버즈 알 아랍 호텔과 세계 8대 불가사의로 명명된 페르시아만의 팜 아일랜드 등은 기존의 휴양 리조트에 식상한 유럽 부호들에게 신선한 자극을 주며 단기간의 광고 효과를 유발시키는데 성공했다.

여기에 해외 유명 스타를 동원한 각종 이벤트 및 대규모 국제행사를 개최했다. 두바이의 랜드마크인 버즈 알 아랍 호텔 헬리포트장에 타이거 우즈를 초청해 걸프만을 향한 드라이브 샷을 연출하고, 세계 정상급 선수들의 테니스 시합을 개최했다.

그밖에도 두바이 데저트 클래식(골프), 두바이 월드컵(경마), 두바이 듀티 프리 테니스 토너먼트, A1 그랑프리 두바이 및 두바이 인터내셔널 랠리(자동차 경주) 등을 개최했다. 두바이는 영국 옥스퍼드대 출신

두바이의 공사현장

전문가 2,000명으로 구성된 브레인풀을 활용해 지속적으로 관광개발 아이디어를 창출하고 마케팅 방안을 강구하고 있다.

**다섯째, 정부의 지속적인 프로젝트 지원과 리더십**

두바이 개발 프로젝트의 급속한 추진으로 인한 교통난 해소를 위해 경전철을 도입하고 대중교통 시스템을 개혁했다. 비교적 저렴한 물가의 인접도시에 거주하는 이주 노동자와 거주민들의 출퇴근 교통체증 해소를 위해 교통 인프라를 구축했다. 일본 컨소시엄의 1호선 착공에 이어, 2010년 완공을 목표로 하는 2호선 경전철을 건설하고 혁신적인 버스 시스템을 도입하고 있다.

부동산 개발 활성화로 주택가격 상승에 따른 중산층 및 저소득층의

셰이크 자예드 도로

    주거안정을 위해 대량 주택공급도 촉진하고 있다. 실제로 두바이에서는 부동산 개발 붐을 타고 집값이 급속도로 상승하여 2005년 1/4분기에서 3/4분기까지 부동산 가격이 37% 폭등한 반면, 개발회사들이 고수익 창출을 위한 호화주택 건설에 주력해 저소득층 주민들의 주거공간이 부족한 형편이었다. 그래서 정부는 주메이라 비치에 레지던스를 건설하는 등 2006년까지 빌라 1,436가구, 아파트 5,365가구 등을 공급해 집값 안정을 도모하고 있다.
    두바이 당국은 부족한 인력문제 해결을 위해서는 노동인구 유입을 활성화하고 노동생산성의 향상도 지원하고 있다. 두바이 개발 프로젝트는 대규모 건축 붐을 형성하여 인건비 상승 및 인력공급의 부족현상을 초래하고 있다. 1인당 하루 임금은 3만원 선이지만, 7~8월에는 낮 시간 동안에 그늘 없는 곳에서 일하는 것을 금지하는 노동자 권익보호 조항 등으로 1인당 노동생산성은 한국의 30% 정도에 불과하다.

### 두바이 프로젝트에서 배우는 성공 전략

그러면 우리나라에서 관광레저 기업도시를 개발하는 과정에서 두바이의 사례는 어떤 교훈을 던져줄까.

**첫째, 민간기업 주도의 관광·레저 기업도시 개발이 필요**

오늘날 두바이가 세계적인 관광지가 된 것은 기업의 창의적 아이디어와 개발 전권을 기업에게 위임한 정부의 전폭적인 지지에 기인한다.

따라서 우리나라 정부도 관광·레저도시 건설을 저해하는 출자총액 제한 및 외국 교육·의료기관 설립 제한 등 각종 규제를 완화하는 동시에 광역 인프라에 대한 지원 강화를 통해 건설추진을 활성화시켜야 한다.

관광·레저도시의 성공적인 건설을 위해서는 참여 기업들의 애로해소를 위한 정부의 정책지원 및 국내외 기업의 투자유치를 위한 규제완화가 필수적이기 때문이다.

또 스포츠·레저시설과 함께 설치되는 주택에 대해 1세대 1주택 특례를 허용하여, 관광·레저도시의 주거시설 분양을 활성화하는 방안도 강구할 필요가 있다.

그리고 도시개발을 전담하는 기업의 경우, 독점규제 및 공정거래 관련 법률 적용을 완화하여 원활한 사업추진을 도모해야 한다. 그리고

두바이의 쇼핑가

해외기업 투자유치를 위해서는 외국인의 투자여건과 생활환경을 개선해야 한다는 점을 두바이에서 배울 수 있다. 경제자유구역과 동일하게 기업도시 내에도 외국 의료기관 개설 등을 허용하고, 외국 교육기관 설립을 지원해야 한다.

둘째, 위기를 기회로 만드는 개발에 대한 개혁의지

UAE 제2의 토후국인 두바이는 1960년대까지 진주 채취와 어업에 의존해온 사막의 작은 항구로, 한겨울에도 30℃가 넘는 혹서 기후와 열악한 자연환경, 엄격한 종교 제약이 존재했다.

하지만 두바이는 이슬람 신도가 아닌 외국인에게는 주류 판매를 허

팜 제벨알리의 모형도

용하는 등 이슬람의 엄격한 금기로부터 해방구를 마련했다. 이러한 기본 정신을 바탕으로 1970년대 본격적인 유전개발로 벌어들인 오일머니로 관광·무역·금융 인프라 구축에 투자해 석유고갈에 대비하고 관광·무역의 메카로 성장했다.

사막의 실내 스키장, 인공 섬 등 상대적으로 고비용 투입이 불가피한 두바이에 비해 우리나라의 경우 뚜렷한 사계절과 지역 특유의 자연환경을 활용할 수 있다.

다도해로 알려진 서남해안의 도서지역을 활용한 독창적인 아이디어 개발로 관광객의 관심을 유도할 수도 있다. 두바이의 성공요인은 지역 특성을 극복한 개발 컨셉에 있기에, 우리나라의 관광·레저도시에도 한국 고유의 미와 자연 특색을 살린 컨셉트 확립이 필요하다.

**셋째, 실용적 개발전략 및 고객 맞춤형 마케팅 방안 강구**

1995년부터 셰이크 모하메드의 브레인풀을 이용한 전략적 연구로 탄생한 두바이는 2005년 600여만 명의 해외 관광객을 유치하는 성과를 거두었다. 특히, 해외 관광객들에게 안전과 자유로움이라는 이미지 마케팅으로 각국 여행객들이 쉽게 두바이에 접근하도록 했다.

사실 두바이는 낯선 환경과 테러 위험이 도사리는 아랍국가라는 이미지를 탈피하기 위해, 싱가포르와 홍콩 등 세계적 관광 국가를 벤치마킹했다. 결국 철저한 치안관리를 통해 싱가포르에 이어 세계에서 두 번째로 안전한 국가이자, 쇼핑의 천국으로 부상하는데 성공했다. 우리도 관광·레저도시 내 해외 관광객 유치 활성화를 위해서는 주요국의 방한 관광객을 중심으로 세밀한 서비스 전략을 수립하는 비즈니스 마인드가 필요하다.

우리나라의 경우, 인접한 중국 13억 관광객과 대만 등 동남아 관광객 유치 확대를 위해 비자완화 등 입국절차 개선이 필요하다. 이와 함께 대규모 관광객 동원이 가능한 국제행사를 유치하고 홍보·이벤트 마케팅도 강화해야 한다.

DUBAI

## Chapter 5

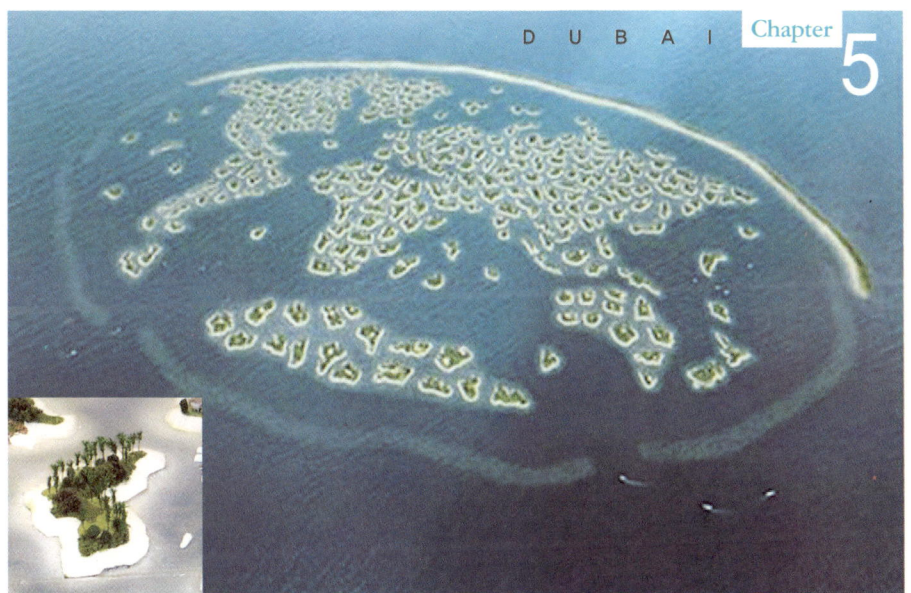

# 두바이의 한국기업

'중동아프리카 플랜트·건설 수주지원센터'가 오픈됨으로써 '제2의 중동 붐'을 만들기 위한 한국 기업의 플랜트·건설 수주작전이 본격화됐다. 그동안 국내업체 간의 과당 경쟁으로 실속을 챙기지 못했다는 지적이 많았고, 중소 건설업체는 정보 부족으로 중동에 진출하지 못했던 점 때문에 수주지원센터에 거는 기대가 크다.

# 두바이를 누비는 한국 기업들

두바이에서 가장 교통량이 많다는 '알 막툼 다리(Al Maktoum Bridge)'. 입구에 이르면 큼지막한 LG전자의 대형 광고판이 눈을 당긴다. 곧이어 도로 양쪽으로 촘촘하게 늘어선 삼성전자의 휴대폰 깃대광고에 운전자의 시선이 모아진다.

실제 삼성전자 휴대폰은 두바이에서도 셰이크 모하메드 지도자가 직접 칭찬한 최고의 고급 브랜드로 왕족과 부유층의 손바닥을 파고들고 있다. 삼성전자는 이곳에서 소니 등에 이어 '호감도 톱3 기업'에 들어갔다. 프로젝션TV, LCD-TV, LCD 모니터 등에서 시장 1위를 달리고 있다.

세계 최고 7성급 호텔이라는 '버즈 알 아랍'에는 LG전자가 대거 납품을 했다. LG전자는 2005년 4월부터 1년간 이 호텔 침실에 32인치 LCD(액정소자) TV 182대를 공급했고, 거실용(42인치), 욕실용(20인치)

알 막툼 다리에 있는 삼성전자 휴대폰 광고판

등 모두 700대의 TV를 추가 공급하기로 했다.

화려한 호텔 로비에는 71인치 금장(金裝) PDP(벽걸이) TV 1대도 설치했다. 가격은 8만 달러선. 이 호텔의 엘리베이터와 기둥, 벽 등이 순금이거나 금빛 마감재를 사용했기에 금장 TV가 잘 어울린다는 평이다.

부자나라 두바이에서도 한국산 양문형(兩門型) 냉장고는 부(富)의 상징으로 통한다. 다만 한국 전자업체는 기존 아성을 지켜오던 일본 업체와의 경쟁이 갈수록 치열해지는 데다, 최근에는 중국산 저가 가전제품이 두바이로 서서히 유입되고 있어 바짝 긴장하고 있다.

현대자동차도 두바이에 아중동(阿中東)지역본부를 두고 20여 명의 직원을 파견했다. 현대차 관계자는 "두바이는 '중동의 홍콩'이라 불리는 시장이며 대부분 건물이나 거리가 세계적인 상업 광고에 자주 등장하기 때문에 이곳에서는 홍보와 광고가 특별히 중요한 의미를 가진다"고 말했다.

사실 두바이가 한국에 대해 그리 존경심을 보내는 것은 아니다. 특히

두바이에서 열린 LG전자의 PDP TV 마케팅 행사

두바이에 불법 체류하는 중국인이 마약을 비롯한 각종 범죄에 연루되면서 두바이에서 "차이니즈"란 말은 욕으로 통하고 있다. 따라서 중국인과 비슷해 보이는 한국인에 대해 그리 우호적인 것은 아니다.

### Made in Korea 두바이를 달군다

하지만 최근 한국에 대한 대접이 서서히 달라지고 있다. 그것은 순전히 우리 기업의 힘이다. 2006년 5월, 노무현 대통령이 UAE를 방문하던 날, 두바이의 영자신문 '걸프 투데이(The Gulf Today)'는 5월 14일자에서 이를 1면 톱 기사로 보도했다.

석유수출 문제, 그리고 한국 상품 수입 문제 등을 논의했다는 내용이다. 그만큼 한국기업의 제품과 서비스에 대한 신뢰도가 현지에서 높아

삼성 주최로 열린 두바이 마라톤 대회

지고 있다는 방증이다.

특히 두바이 사람에게 인상적인 것은 현재 건설 중인 세계 최고층 빌딩인 '버즈 두바이'를 한국 업체가 짓고 있다는 사실이다. 공사비가 8억 7,600만 달러인 '버즈 두바이' 공사는 낮에는 보통 기온이 40℃가 넘어서 주로 야간에 환하게 불을 켜고 공사를 한다.

건설과 플랜트 분야는 전통적으로 한국이 강하다. 세계 최대 규모의 담수(淡水)시설인 푸자이라 담수 플랜트는 물론, 두바이의 에미레이트 타워 호텔과 그랜드 하야트 호텔 등 주요 호텔을 모두 한국 업체가 지었다.

두바이 남서쪽, 거대한 자유지역이 있는 제벨알리의 현대건설 'L-2 복합 화력발전소' 공사 현장. 수주액 6억 7,500만 달러에 2005년 5월 착공된 이 복합 화력발전소 공사장에는 15m 높이의 굵직한 대형 파일이 곳곳에 박히고 있다. 2008년 4월 공사가 끝나면 1,200메가와트 규모의 발전 및 담수 설비가 완성된다. 두바이 인구 80만 명이 사용할 수 있는 전력과 물을 공급한다.

현장 근로자는 중국인, 인도인 등 1,050명. 현대건설은 35개월 내에 공사를 마치기 위해 주변 업체보다 훨씬 이른 오전 6시부터 작업을 시작한다. 조금이라도 더위를 피해 작업 능률을 올리겠다는 생각에서다. 인근 다른 나라 기업 공사현장은 오전 8시부터 시작하는 곳도 있다. 당초 두바이 당국에서는 "두바이 시내에다 근로자들의 숙소를 마련하라"고 지시했지만 현대건설 측은 "출퇴근 시간의 교통체증을 감안하면 출퇴근했다간 도저히 35개월 안에 끝낼 수가 없다"고 설득, 결국 공사장 안에다 별도 숙소를 마련하게 됐다.

현장소장인 오건수 현대건설 상무는 "현대건설은 두바이에서 초대형 인공 섬인 '팜 데이라'의 준설 매립 공사와 제벨알리 신(新)컨테이너 터미널 2단계 안벽공사도 진행하고 있다"면서 "과거 현대건설의 중동 영광을 되살리고 있다"고 말했다.

### 한국 기업의 기술 경쟁력은 수준급

이렇게 전통의 현대건설을 필두로 '제2의 중동 붐'을 만들기 위한 한국 기업의 플랜트·건설 수주작전이 본격화됐다. 2006년 5월 KOTRA 두바이무역관에서 '중동아프리카 플랜트·건설 수주지원센터'가 오픈된 것은 바로 이 같은 목적에서다.

그동안 국내업체 간의 과당 경쟁으로 실속을 챙기지 못했다는 지적이 많았고, 중소 건설업체는 정보 부족으로 중동에 진출하지 못했던 점 때문에 이 수주지원센터에 거는 기대가 크다.

현지에서 개소식에 참석한 정세균 산자부 장관은 "고유가 시대에 한국이 두바이의 오일달러를 끌어오기 위한 전초기지 역할을 할 것"이라고 말했다. 역시 행사에 참석한 추병직 건교부 장관은 "한국 기업의 플랜트 기술은 수준급에 올랐다"며 "1970년대와는 달리, 돈 되는 사업을 가려서 수주할 필요가 있다"고 말했다. 가령 단순 도급사업이 아니라 수익성이 높은 디벨로퍼(대규모 뉴타운 건설과 도시재개발사업의 추진자)형 개발 사업을 적극 모색하는 식이다.

### 중견 건설업체도 앞다퉈 두바이로 달려가고 있다

반도건설은 두바이에서 총 3억5,000만 달러 규모의 주상복합개발 사업을 진행하고 있다. 이 프로젝트는 두바이의 새로운 상업·금융 중심지인 '비즈니스 베이' 1단계 개발지역 내에 위치하고 있으며, 6,000여 평의 대지 위에 연면적 6만여 평 규모로 지상 54층짜리 주상복합 트윈 타워인 'U-Bora Tower'를 건설하는 사업이다.

2006년 11월 착공해 36개월의 공사기간을 거쳐 2009년 4분기에 완공될 예정이다. 회사 측은 "비즈니스 베이에 한국 건설업체로는 처음으로 IT, 유비쿼터스, 모바일 홈 네트워킹 등을 갖춘 신시대 인텔리전트 주상복합단지가 될 것"이라고 말했다. 반도건설은 이와 함께 두바이 현지에 자회사를 설립, 비즈니스 베이에 3억 달러 규모의 3개 구역을 추가로 개발할 예정이다.

성원건설도 총 사업비 3,000억 원 규모의 주상복합 아파트를 공급한

현대건설의 제벨알리 발전소 건설 현장

다. 두바이 경제특구인 자다프 지역에 들어설 이 아파트는 연면적 4만 1,000평에 지하 2층~지상 30층 규모로 320가구의 고급아파트, 오피스, 백화점 등 4개 동(棟)이 들어선다. 또 비즈니스 베이에 들어설 주상복합 아파트는 연면적 1만2,000평에 지하 2층~지상 20층 규모로 140가구의 고급아파트 1개 동이 건립된다.

그런가 하면 한국계 부동산 개발업체인 액슨걸프는 최근 두바이의 스포츠시티에서 총 2억6,000만 달러 규모의 부동산 개발 사업을 시행하기 위한 토지매입 계약을 맺었다고 밝혔다.

두바이 정부가 올림픽과 월드컵 축구대회 유치를 위해 조성하려는 스포츠시티에는 총 150만 평의 부지에 종합운동장, 축구·골프 학교 같은 스포츠 관련 시설과 주거·업무용 건물이 들어선다.

반도건설이 두바이에 짓고 있는 건물의 조감도

 액슨걸프는 이중 연면적 4만 평 규모로 30층짜리 업무시설 1동과 20층짜리 주거시설 2동을 지어 분양할 예정이라는 것. 회사 측은 설계를 포함한 전 과정에 걸쳐 한국의 기술력과 자본만을 활용해 이 사업을 추진할 계획인 것으로 알려졌다.
 현재 두바이에 지사를 둔 국내 업체는 현대건설, 삼성물산, GS건설, 두산중공업 등이다. 이들은 중동 전체 원유매장량의 95%를 차지하면서 최근 고유가(高油價)의 최대 수혜를 받고 있는 걸프 연안 8개국의

성원건설이 두바이에 짓고 있는 건물의 조감도

건설·플랜트 공사 수주를 위해 두바이를 센터로 하여 총력 수주활동을 벌이고 있다.

최근 중동 지역 공사발주의 특징은 발주 분야가 토목·건설 부문에서 석유·가스 부문으로 변화되고 있다. 국내 업체는 이 점을 노리고 있다. 다만 최근 중동 국가들이 현지 건설업체 우대정책을 펴기 시작했고, 중국 등 후발업체의 저가공세도 심화되고 있어 국내 업체는 기술경쟁력으로 이를 극복해야 한다는 과제가 남아 있다.

국내 기업의 두바이 배우기 열풍이 계속되면서, CJ 그룹은 경영진이 대거 두바이로 날아가 직접 벤치마킹하는 시간을 가졌다. 이재현 회장을 비롯한 경영진 40여 명은 2006년 5월 17일부터 20일까지 두바이에서 현장 공부를 했다.

CJ 관계자는 "사막의 불모지에서 중동의 뉴욕으로 거듭나고 있는 두바이에서 CJ의 혁신방향과 글로벌 사업의 밑그림을 그리기 위해 갔다"면서 "우리도 과거 성장방식에만 의존하지 말고 셰이크 모하메드 지도자가 그랬듯 사고의 전환과 혁신을 통해 새로운 성장 동력을 찾아야 한다"고 말했다.

### 한국의 UAE 건설 수주 현황

(단위: 천 달러)

| 업종 | 업체명 | 구분 | 프로젝트명 | 발주금액 | 년도 |
|---|---|---|---|---|---|
| 1 | 현대건설 | 토목 | Capacitor 뱅크 토목공사 | 741 | 2001 |
| 2 | GS건설 | 건축 | Queenex 백판지 생산공장 | 14,200 | 2001 |
| 3 | 대우건설 | 건축 | Al Ain 정보기술대학 빌딩 신축공사 | 38,080 | 2003 |
| 4 | 삼성물산 | 건축 | 피닉스 냉방시설 시스템 설치공사 | 35,409 | 2003 |
| 5 | 삼성물산 | 건축 | The Burj Tower | 306,728 | 2004 |
| 6 | 현대건설 | 토목 | 제벨알리 컨테이너 터미널 공사 1단계-안벽공사 | 68,219 | 2005 |
| 7 | 현대건설 | 토목 | 팜 데이라 준설 매립 공사 | 45,637 | 2005 |
| 8 | 선진씨엔에이 | 건축 | 두바이 바샤오피스 빌딩 공사 | 5,324 | 2005 |
| 9 | 선진씨엔에이 | 건축 | 두바이 스포츠시티 내 레지던스 빌딩 공사 | 8,570 | 2006 |

해외건설협회(2006)

## 한국의 UAE 플랜트 수주 현황

(단위: 천 달러)

| 업종 | 업체명 | 설비구분 | 프로젝트명 | 발주금액 | 년도 |
|---|---|---|---|---|---|
| 1 | 두산중공업 | 발전 | 움알나르 HRSG | 44,024 | 2003 |
| 2 | 두산중공업 | 발전 | 제벨알리 HRSG | 27,376 | 2003 |
| 3 | 두산중공업 | 담수 | 움알나르 담수화 플랜트 B | 30,295 | 2003 |
| 4 | 두산중공업 | 담수 | Fujairah Water and Power Project | 802,000 | 2001 |
| 5 | 세종기업 | 발전 | 움알나르 1550MW 복합화력발전소 기계파이프 설치공사 | 10,366 | 2006 |
| 6 | 세종기업 | 발전 | 푸자이라 담수 발전 공사(전기) | 4,850 | 2004 |
| 7 | 세종기업 | 발전 | 움알나르 담수화 플랜트 'B' 프로젝트(전기) | 4,746 | 2004 |
| 8 | 세종기업 | 발전 | 움알나르 1550MW 복합화력발전소 공사 | 20,200 | 2004 |
| 9 | 우림플랜트 | 담수 | 담수 발전 공사 | 155 | 2003 |
| 10 | 이앤이시스템 | 기타 | 피닉스 | 185 | 2005 |
| 11 | 이앤이시스템 | 기타 | T-6 | 186 | 2005 |
| 12 | 현대건설 | 발전 | 제벨알리 'L' Plant Ph. II - Power Pacakge "p" | 676,831 | 2005 |
| 13 | 현대건설 | 발전 | ADCO Trasco Power Networks - Lot 1 Substation Works | 96,751 | 2004 |
| 14 | 현대건설 | 기타 | E25 & W1 변전소 11kv GIS 스위치기어 추가 공사 | 1,307 | 2003 |
| 15 | 현대건설 | 기타 | 제벨알리 신컨테이너 터미널 공사 | 70,000 | 2005 |
| 16 | 현대건설 | 발전 | ENG 4000KV 송전선로 공사 | 85,000 | 2005 |
| 17 | 현대건설 | 발전 | 아부다비 5개 변전소 공사 | 150,000 | 2004 |
| 18 | 한국중공업 | 석유화학 | OGD3 | 28,448 | 2005 |
| 19 | 한국중공업 | 석유화학 | AGD2 | 18,900 | 2005 |
| 20 | 두산중공업 | 담수 | 움알나르 담수플랜트 | 500,000 | 2000 |
| 합계 | | | | 2,571,620 | |

한국플랜트협회, KOTRA 중동아프리카지역본부 두바이무역관 집계종합
(수주기간 2000~2006년 대상 플랜트만 집계, 건설 제외)

## 업종별 한국기업의 UAE 진출 현황

| 업종 | 업체수 | 업체명 |
|---|---|---|
| 자동차 (부품 등) | 6 | 현대, 기아, GM대우, 한국타이어, 금호타이어, 현대 모비스 |
| 건설 | 8 | 대림산업, 대우건설, 삼성건설, 쌍용건설, 현대건설, 효명건설, SK건설, LG E&C |
| 중공업 | 3 | 두산중공업, 현대중공업, 삼성중공업 |
| 전기전자 | 10 | 삼성전자, LG전자, 대우일렉트로닉, 열린기술, 유니텍 앤비시스, 팬택, 휴맥스, 삼성SDS, SK네트워크 |
| 금융 | 2 | 외환은행, 수출입은행 |
| 석유화학 | 1 | SK |
| 물류 | 3 | 현대상선, 한진해운, 대한항공 |
| 무역-플랜트 | 4 | 현대종합상사, LG상사, 삼성물산, 효성 |
| 무역-일반 | 2 | 대우인터내셔날, 동국무역 |
| 정부기관-에너지 | 2 | 가스공사, 석유공사 |
| 정부기관-일반 | 3 | KOTRA, 수출보험공사, 한국관광공사 |
| 방송 | 1 | KBS |
| 기타 | 12 | |
| 합계 | 57 | |

KOTRA 중동 아프리카 지역본부, 두바이 무역관 조사결과 종합 (2006)

**인터뷰**

## 셰이크 모하메드가 극찬한 삼성전자 휴대폰

삼성전자의 두바이 대표를 맡고 있는 서치원 상무는 "중동의 허브는 70년대 레바논, 80년대 쿠웨이트, 90년대 바레인을 거쳐서 이제 두바이로 왔다"면서 "바레인이 국제금융에만 치중했다면 두바이는 다른 중동국가가 지닌 불안 요소를 모두 해소하면서 관광, 부동산개발, 국제금융이 모두 발달해 삼성전자로서도 놓칠 수 없는 시장"이라고 말했다.

서치원
삼성전자 두바이 대표

대전고와 연세대 경영학과를 졸업한 서 상무는 2006년 초부터 두바이를 비롯한 중동과 아프리카 지역의 총책임자가 되었다.

"두바이의 모하메드 지도자는 많은 일을 하는 것으로 유명합니다. 그는 '우리에게 필요한 것은 상상력뿐'이라면서 모든 것을 근본부터 사고하는데 익숙합니다. 본받을 점이 많습니다."

두바이에 어느 정도 버블이 있기는 하지만 당분간 중동의 허브 역할은 계속할 것이며, 한꺼번에 여러 공사들이 발표되다보니 물리적으로 약간 연기되는 경우도 있지만 근본적으로 문제가 발생한 것은 아니라고 그는 분석했다. 삼성전자는 두바이 사무실도 인터넷 시티로 옮겼다.

서 상무는 "지금까지는 두바이에서 휴대폰을 주력품으로 삼았지만 앞으로는 '보르도'를 비롯한 LCD-TV 등 고부가 제품으로도 확대하여 시장을 넓혀 나가겠다"며 "오일달러가 밀려들어 오는 두바이에서 실패하면 중동과 아프리카 전체에서 실패한다는 각오로 판매에 총력을 기울일 예정"이라고 밝혔다.

> 인터뷰

## 버즈 알 아랍 호텔에 어울리는 LG전자 LCD-TV

LG전자에서 중동과 아프리카 쪽 비즈니스를 책임지고 있는 김기완 중동·아프리카 지역 대표는 "두바이는 부유층이 많아 고부가 프리미엄 제품으로 승부를 걸어야 하는 시장"이라고 말했다.

김기완
LG전자 두바이 대표

다부진 몸매와 추진력으로 '리틀 김쌍수'라고도 불리는 김 상무는 "두바이란 나라가 지도자인 셰이크 모하메드를 주축으로 천지개벽하고 있는 것은 사실"이라며 "하지만 우리나라에서 두바이란 나라가 너무 미화되고 있다는 느낌도 든다"고 말했다.

가령 최근 급속한 부동산 가격상승으로 '버블'에 대한 우려가 있고 현지의 외국인 근로자도 사회문제가 될 가능성이 높다는 것. 다른 아랍국가들은 술과 돼지고기를 파는 두바이를 향해 '너무 타락했다'고 비난하고 있다. 물론 그러면서도 두바이를 부러워하고 벤치마킹하려고 하지만 겉으로는 비난의 목소리를 키운다는 것이다.

그럼에도 불구하고 두바이가 항공, 해운, 금융 등에서 중동과 아프리카 쪽 시장개척의 중심지가 될 수밖에 없다고 김 상무는 말했다.

지난해 중동과 아프리카 지역에서 21억 달러의 매출을 달성한 LG전자는 GSM(유럽식) 휴대폰, 시스템 에어컨, 노트북, PDP 및 LCD TV 등 주요 프리미엄 제품을 중심으로 올해 매출 26억 달러를 달성할 계획이라고 덧붙였다.

인터뷰

## 두바이에서 아파트 분양하는 반도건설

2006년 9월 두바이에서 주상복합아파트와 오피스를 분양하는 반도건설 권홍사(權弘司) 회장은 "두바이는 정부 규제가 거의 없어 한국과 비교할 수 없을 정도로 개발 사업의 천국"이라며 "많은 업체들이 침체된 국내 건설경기의 돌파구로 두바이를 중시하고 있다"고 말했다.

권홍사
반도건설 회장

부산지역 중견업체 대표로서 2005년 대한건설협회장에 선출된 권 회장은 "반도건설은 두바이를 발판으로, 중동과 발칸반도 쪽으로도 적극 진출하겠다"고 밝혔다. 반도건설의 아파트 브랜드는 '유보라(U'BORA)'. 유비쿼터스에서 따온 영문 'U'자와 권 회장의 장녀 이름인 보라의 합성어다. '딸을 키우는 마음으로 아파트를 짓겠다'는 의미라고 한다. 권 회장은 두바이에서도 '유보라'를 그대로 사용한다.

그는 "반도건설의 두바이 유보라 타워는 두바이의 신규 무역·상업 중심지인 '비즈니스 베이'에 위치해 있고, 54층 규모의 오피스와 200가구의 아파트, 상가 등을 복합 개발하는 프로젝트"라며 "앞으로 이 지역 내에서 랜드마크 빌딩이 될 수 있도록 하겠다"고 덧붙였다.

권 회장은 최근 두바이 부동산 시장에 일부 버블(거품)이 끼어 있다는 지적에 대해 고개를 가로 저었다. "여러 차례 두바이를 방문해 철저한 현장 조사를 거친 뒤 사업계획을 세웠습니다. 한국과는 비교할 수 없을 정도로 정부 규제가 적어요. 당분간 두바이에서 희망을 찾을 수 있습니다."

차학봉 (조선일보 산업부 기자)

## 인터뷰

### KOTRA 중동·아프리카 플랜트·건설 수주지원센터

2006년 5월 14일 KOTRA 두바이무역관 내에 문을 연 '중동·아프리카 플랜트·건설 수주지원센터(KOPCO)'의 실무 책임을 맡은 오경환 부(副)센터장은 국내 업계에서 알아주는 중동 전문가로 꼽힌다.

오경환
KOPCO 부센터장

KOPCO는 최근 중국의 부상으로 한국이 중동 건설 시장에서 자꾸 밀리자, 국내 업체들의 수주 전략을 다시 짜도록 도와주고 현지 진출을 돕는 '원 스톱 서비스'를 위해 만들어진 조직이다.

"향후 5년 내 걸프 연안 8개국만 해도 UAE(아랍에미리트연합)의 2,276억 달러를 포함, 모두 7,500억 달러의 플랜트·건설 발주가 예상됩니다. 필사적으로 잡아야 하는 시장입니다." 그는 현대건설과 대림산업에 근무하는 동안, 사우디아라비아와 이란에서 10여 년 현장 근무를 하다가 이번에 수주지원센터 책임자로 스카우트됐다.

"중동은 왕족이나 지배층의 변화에 따라 밑의 관료층도 한꺼번에 바뀝니다. 인맥을 깊고 넓게 구축해야 합니다. 어떤 일이 있어도 쉽게 그들을 떠나지 않는다는 신뢰감을 주는 것도 필요합니다. 한번 믿기만 하면 엄청난 물량을 쉽게 맡기는 것이 중동입니다."

그는 끈끈한 인간관계를 바탕으로 초고층 빌딩이나 첨단 플랜트 등 고부가 시장을 개척하면 중국을 충분히 제압할 수 있다고 덧붙였다. 이 수주지원센터에는 GS건설, SK건설, 성원건설, 삼진정밀 등 상당수 건설업체들이 회원으로 가입했다.

DUBAI **Chapter 6**

# 두바이의 빛과 그림자

두바이의 부동산 정책은 '선(先) 공급 후(後) 수요창출'이다. 정부가 각종 빌딩을 지어놓고
2%의 등록세만 받는 등 온갖 매력적인 여건을 제시하여 수요를 모은다.
그러면 가격이 오르고, 다른 건축업자를 건설 붐에 끌어들이는 방식이다.
하지만 급속한 발전에는 성장통이 따르게 마련이다.
지난 수년간 빌딩과 주택 값이 평균 3~4배나 폭등했다.

## 두바이, 초고속 성장의 그늘

두바이는 여러 가지로 오묘한 나라다. 가령 버즈 알 아랍 호텔에는 하룻밤 800만원이 넘는 스위트룸이 있다. 하지만 거기에서 그리 멀지 않은 곳에는 버스를 개조하여 에어컨조차 제대로 가동되지 않는 방에 20명이 넘는 외국인 근로자가 합숙하며 지내는 모습도 볼 수 있다. 역동적이고 화려한 두바이이지만, 그림자는 있는 법이다.

두바이가 당연히 치르는 성장통이라고나 할까. 너무도 급격한 성장 뒤에는 환희의 눈길이 있지만, 질시와 우려의 눈길도 동시에 도사리고 있다. 전 세계 타워크레인의 20% 가까이가 집결해 총 200조원이 넘는 초대형 건설공사가 진행되고 있고, 10여개의 자유지역을 구축하여 비과세와 무제한 송금자유 등 환상적인 기업여건을 구축하고 있는 두바이지만 곳곳에 문제점을 노출하고 있다.

우선 두바이는 대규모 개발로 2004년 6월부터 2006년 1월 사이 부동

쌍용건설이 지은 에미레이트 타워

산 가격이 평균 175%나 상승했다. 두바이는 빌딩과 주택 값이 지난 수년간 평균 3~4배나 폭등했다. 두바이에 진출한 국내 기업 주재원들은 2005년 한 해만 해도 현지 임대료가 평균 40% 가량 급등했고, 2006년 들어서도 15% 정도 상승했다고 말했다. 두바이의 간선 대로인 '셰이크 자예드'에 있는 웬만한 사무실 임대료는 3년 전보다 3배 이상 올랐다. 주재원이 거주할 집값도 크게 올라 국내 기업의 한 현지법인장은 "연세(年稅)가 2005년에는 12만 디르함(3,600만원 정도)이었으나 2006년에는 20만 디르함으로 올랐다"고 말했다.

문제는 두바이 투자액의 65%가 사우디아라비아·쿠웨이트·이란 등지에서 온 오일달러라는 점이다. 당분간은 그럴 가능성이 적지만 자칫 국제 유가가 하락하거나, 미국과 이란의 관계가 심각한 지경으로 악화되면 일거에 버블(거품)이 꺼질 가능성도 있다.

많은 사람들이 장기 모기지론을 통해 부동산 투자자금을 조달하고

교통체증이 자주 빚어지는 셰이크 자예드 도로

있기 때문에 부동산 버블 붕괴는 더욱 심각하다. 거품이 터지면 경제 전반에 연쇄적인 타격이 우려된다.

　이러한 우려가 현지에서도 있는 것이 사실이다. 실제로 두바이의 국영개발공사인 에마르(EMAAR)를 필두로, 두바이 증시는 2005년 11월 1267.32 라는 최고점을 기록한 이후 하락을 거듭하면서, 2006년 중반에는 400선까지 주저앉기도 했다. 국가정보원도 두바이에 대해 분석한 보고서를 통해 "9.11테러 이후 미국 내 아랍권 자금 1,800억 달러 중 불법·음성 자금이 대거 두바이에 들어오면서 금융시장 불안이 증폭되고 있다"고 지적했다.

　원래 두바이의 부동산 정책이란 다른 나라와는 달리 '선(先) 공급 후(後) 수요창출'에 있다. 정부가 각종 빌딩을 먼저 지어놓고 2%의 등록

두바이의 빛과 그림자

하늘에서 본 두바이 크릭

세만 받는 등 온갖 매력적인 여건을 제시하여 수요를 끌어들인다. 그렇게 되면 가격이 오르게 되고, 다시 다른 건축업자를 건설 붐에 끌어들이는 방식이다. 바로 건설업의 선순환을 노린 셈이다. 지금까지 이 같은 전략은 큰 문제없이 성공했다. 삼성물산이 시공 중인 최고층 빌딩 '버즈 두바이'를 비롯한 대부분 고층 빌딩의 분양은 며칠 만에 끝났다.

문제는 이러한 사이클이 지속되느냐이다. 다소 우려할 만한 징조가 나오고 있다.

가령 첫 번째 인공 섬 '팜 주메이라'는 매립지반이 약하고, 오·폐수 처리시설이 제대로 구축되지 않았다는 지적이 나오면서 분양을 취소한 사례도 나오고 있다. 두 번째 인공섬인 팜 제벨알리와 세 번째 인공섬인 팜 데이라는 공사 진척이 당초 계획보다 늦어지고 있는 상태다.

두바이의 한 한국 교민은 "요즘 두바이에서는 '사우디아라비아가 돈을 빼면 망한다'느니 하는 악성 루머가 나돌기도 했다"면서 "그런 루머를 불식시킬 수 있는 시금석이 바로 '팜 주메이라'의 성공 여부"라고 말했다.

두바이를 얘기할 때 외국인이 잊어서는 안 되는 점이 있다. 바로 두바이는 철저하게 30만 명에 이르는 자국민 중심 사회라는 점이다. 이들을 외국인들은 '로컬(Local)'이라고 부른다. 한때는 국가에서 이들의 유학비용까지 모두 대주고, 결혼을 하면 두둑한 보조금

두바이 시내에서 한 시간 거리면 나타나는 사막

도 주었다고 한다. 현대건설 두바이 주재 오건수 상무는 "두바이가 '왕의 나라'란 점을 잊으면 안 되며 관료주의가 강해 안전승인 등 인허가 조건이 의외로 까다롭다"면서 "두바이는 법인세나 소득세가 없다지만 스폰서 비용을 비롯한 준(準)조세가 많다"고 지적했다.

원칙적으로 외국인은 두바이 현지인을 스폰서로 두어야 사업을 할 수 있다. 스폰서에게는 만만찮은 스폰서 비용을 지불해야 한다. 합작법인도 대부분 스폰서를 끼고 들어가야 하며 지분도 49% 정도에서 만족해야 한다. 이 때문에 외국인에게 스폰서 비용을 받아 놀고먹는 현

두바이의 빛과 그림자

### 두바이 프로젝트의 약점과 위협요인

| 약 점 | 위협요인 |
|---|---|
| · 급속한 개발에 따른 정주여건 인프라 부족으로 심각한 교통난 발생<br>· 부동산 개발붐으로 주택 등의 부동산 가격 급상승<br>· 인력공급 부족으로 인건비 상승 및 노동 생산성 저하 | · 중동 인근 지역(카타르, 오만 등지)들의 가세로 투자유치 및 관광객 유입 경쟁 가속화<br>· 이라크, 이란, 이스라엘 등 중동 지역의 정치적 불안과 테러에 대한 위험이 존재 |

지인도 늘고 있다. 삼성전자도 그동안 이곳에 '주마'라는 스폰서 법인을 두고 영업활동을 해왔다.

최근 두바이 당국에서 이런 고충을 알고 인터넷 시티를 비롯한 자유지역을 많이 만들고 있지만, 아직 스폰서 비용 부담은 만만찮다. 또 현지인에게 피해나 손해를 입히는 비즈니스는 상상할 수 없다.

그리고 두바이에는 인도, 파키스탄, 방글라데시에서 온 수십만 명의 외국인 근로자들이 공사장에 투입되고 있다. 이들의 월급은 평균 20만~30만 원선이다. 먼지 날리는 공사판에서 점심을 먹으며 인근의 허름한 합숙소에서 잠을 자거나, 아니면 두바이보다는 물가가 싼 인근 토후국인 샤르자에서 출퇴근한다.

건설현장에서 저임금과 부당한 대우에 항의하는 데모도 매월 10여 건이 넘는다. 하지만 파업 자체가 불법이어서, 파업 노동자는 곧바로 추방시킨다.

그러나 두바이는 현실적으로 외국인 근로자에게 의존할 수밖에 없는 입장이어서 외국인 근로자 문제는 골칫거리가 될 전망이다.

무엇보다 두바이 신화는 각종 이벤트를 통한 마케팅으로 성공해왔기에 앞으로도 점차 더욱 쇼킹한 이벤트가 나와야 지금까지의 명성이 유지될 것이라는 점도 과제로 지적되고 있다. 그리고 동시다발적으로 진행되는 대형 이벤트 때문에 도로 등 사회 인프라가 미처 따라가지 못하는 점도 단점으로 지적된다. 출퇴근 시간의 교통체증은 서울을 뺨친다. 게다가 아부다비나 바레인을 비롯한 주변 나라에서 "두바이를 따라 잡자"는 캠페인을 벌이고 있어 두바이가 계속 지금 같은 초고속 성장을 지속할지에 대해서도 의문을 던지는 사람이 있다.

그럼에도 불구하고, 대다수 전문가들은 두바이가 당분간 승승장구하리라는데 표를 던진다. 왜냐하면 두바이를 이끄는 셰이크 모하메드 지도자의 리더십이 워낙 파격적이고 기발한데다, 실천력에 스피드를 갖추고 있어서 당분간 적수가 없으리라는 전망이다. 만일 두바이에 모하메드와 같은 리더십이 없었다면 이미 두바이가 붕괴의 길을 걷고 있을지도 모른다고 지적하는 사람이 있을 정도다. 하지만 모하메드는 무(無)에서 부(富)를 창출한 신화의 창조자다. 그에게는 불가능이 없으며, 앞으로 닥칠 난관은 어찌 보면 사소한 것일지 모른다.

특히 경제학적으로 보면 이미 두바이가 '규모의 경제'를 구축해놓은 상태여서, 돈이 돈을 끌어 모으는, 즉 부익부의 선순환 현상이 수년간은 자동적으로 지속되리라는 전망이 많다. 그래서 두바이는 아직 그림자보다는 빛이 훨씬 더 세다고 할 수 있다.

# DUBAI 여행정보

## 에미레이트의 허브
## 두바이

두바이는 상반되는 면이 공존하는 매력적인 도시로 과거와 현재, 전통과 현대, 동양과 서양이 하나로 어우러져 신비하고 독특한 개성을 자랑한다. 전통적인 아랍의 환대 문화에 초현대적 특징이 더해진 친절하고 매력적인 도시다.

다양한 민족과 문화가 공존하므로, 두바이에서는 세계의 문화가 함께 어우러져 빚어내는 독특한 매력을 만날 수 있다. 두바이는 세계적으로 생활 수준이 가장 높은 도시로도 유명하다. 세계 최고급 수준의 호텔들을 비롯하여 아랍 고유의 음식과 세계 각국의 음식들은 이미 그 최고급 풍미가 널리 알려져 있다. 또한 다양한 스포츠 시설과 전통 축제에서부터 최신 디스코텍에 이르기까지 두바이는 화려한 엔터테인먼트로 가득하다.

두바이는 세계 최고의 상품을 저렴한 가격으로 구입할 수 있는 쇼핑의 천국이기도 하다. 두 번의 쇼핑 축제 기간 동안 쇼핑을 하면 더욱 큰 즐거움과 혜택을 누릴 수 있다. 매년 6월부터 8월까지 '두바이 여름 깜짝세일 축제(Dubai

Summer Surprises)'가 열리며, 1월 중순부터 2월 중순까지 '두바이 쇼핑 페스티벌(Dubai Shopping Festival)'이 열린다. '상인의 도시'로 잘 알려진 두바이는 지난 오랜 세월 동안 선원과 상인을 환영해왔으며, 오늘날에도 이러한 친절과 환대의 전통은 계속되고 있다.

두바이는 매우 안전한 도시이며, 여행객은 그 따뜻함과 친절함에 매료될 것이다. 두바이는 조용하고 편안한 휴식을 원하는 여행객부터 새롭고 짜릿한 경험을 원하는 모험적인 여행객에 이르기까지, 모든 여행객에게 특별한 만족을 준다. UAE는 각종 국제 회의와 전람회 장소로서도 각광 받고 있다.

## 에미레이트의 관문 아부다비

UAE의 수도이자 가장 큰 도시인 아부다비(Abu Dhabi)는 걸프 만의 푸른 바다가 바라보이는 현대적인 도시다. 1958년 석유가 발견된 이후, 아부다비는 인프라 등 모든 면에서 엄청난 변화를 겪어왔다.

아부다비에 오면 다양한 문화와 함께 각종 스포츠 레저 시설을 만날 수 있으며, 특히 해변을 따라 구성된 아부다비 코니쉬(Abu Dhabi Corniche)는 산책, 자전거 타기, 조깅, 롤러 블레이드를 즐기기에 최적의 장소이다. 건축학적으로도 아부다비는 작은 사원 등의 오래된 건물들이 미래적인 현대 고층 건물과 함께 공존하고 있는 매력적인 도시다.

## 출발 전
### 준비 사항

### 비자
우리나라는 최장 60일 체류기간까지는 비자 없이 UAE에 입국할 수 있다.

### 건강 요건
콜레라 및 황열 감염 지역을 여행했거나 경유한 사람은 유효한 건강검진서가 필요하다.

### 여행 보험
적절한 휴가 계획 및 여행 보험은 휴가를 즐기는 데 기본적인 요소이다.
또한 수상 스포츠 애호가는 수상 스키를 타거나 다른 수상 스포츠를 즐기는 동안 사고에 대비하여 각자 보험에 들 것을 권장한다. 단, 이러한 여행 보험에 대해서는 할증 보험료를 지불해야 한다.

### 통화
UAE 디르함(AED/DHS)과 필스
AED1,000, 500, 200, 100, 50, 20, 10, 5권 지폐.
AED1 및 50, 25, 10짜리 주화와 5필스짜리 주화
• 대략적인 환율 ; USD1=AED3.67

■ 은행 영업 시간
08:00~14:30 (토요일-수요일), 08:00~12:00 (목요일)
라마단 기간
09:00~13:00 (토요일-수요일), 09:00~12:00 (목요일)

*외국 통화 또는 내국 통화에 대한 반입/반출 한도액은 제한이 없다.

■ 환전
대부분의 상점에서는 미국 달러화를 받는다. UAE 대부분의 지역에 Thomas Cook (Al Rostamani), Al Fardan Exchange, Al Ghurair Exchange, Al Ansari Exchange 등의 환전소가 있다. 또 두바이 및 아부다비 국제공항과 주요 쇼핑몰, 대부분의 호텔에도 환전소가 있다.

• 주요 쇼핑몰의 환전소 영업 시간
10:00~22:00 (토요일~목요일), 16:00~22:00 (금요일)
라마단 기간
10:00~13:00 및 19:00~23:00 (토요일~목요일),
19:00~23:00 (금요일)

• 시내의 환전소 영업 시간
08:00~13:00 및 16:00~21:00 (토요일~목요일),

16:00~20:00 (금요일)

라마단 기간

09:00~13:00 및 19:00~23:00 (토요일~목요일),
19:00~23:00 (금요일)

American Express, Diners Club International, MasterCard 및 Visa 등의 신용 카드가 널리 사용되고 있으며 대부분의 호텔, 레스토랑, 쇼핑몰에서 사용할 수 있다.

은행에는 24시간 이용할 수 있는 현금 인출기가 설치되어 있다. 미국 달러화 여행자 수표는 대부분의 은행, 쇼핑몰, 두바이 및 아부다비 국제공항에서 현금으로 바꿀 수 있다.

### 옷차림

여름에는 날씨가 매우 덥고 습도가 높기 때문에 가벼운 면 또는 린넨 의류가 적합하고, 겨울에는 특히 저녁에 가벼운 스웨터와 재킷이 필요할 수 있다. 여름 기간에는 품질 좋은 선글라스가 필수적이다.

기후표: 두바이/아부다비

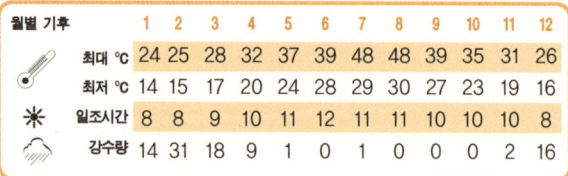

| 월별 기후 | 1 | 2 | 3 | 4 | 5 | 6 | 7 | 8 | 9 | 10 | 11 | 12 |
|---|---|---|---|---|---|---|---|---|---|---|---|---|
| 최대 °C | 24 | 25 | 28 | 32 | 37 | 39 | 48 | 48 | 39 | 35 | 31 | 26 |
| 최저 °C | 14 | 15 | 17 | 20 | 24 | 28 | 29 | 30 | 27 | 23 | 19 | 16 |
| 일조시간 | 8 | 8 | 9 | 10 | 11 | 12 | 11 | 11 | 10 | 10 | 10 | 8 |
| 강수량 | 14 | 31 | 18 | 9 | 1 | 0 | 1 | 0 | 0 | 0 | 2 | 16 |

| 월별 기후 | 1 | 2 | 3 | 4 | 5 | 6 | 7 | 8 | 9 | 10 | 11 | 12 |
|---|---|---|---|---|---|---|---|---|---|---|---|---|
| 최대 °C | 25 | 28 | 30 | 37 | 42 | 45 | 45 | 45 | 42 | 38 | 32 | 27 |
| 최저 °C | 13 | 15 | 17 | 21 | 25 | 28 | 29 | 30 | 27 | 23 | 18 | 14 |
| 일조시간 | 8 | 9 | 8 | 11 | 12 | 12 | 10 | 10 | 10 | 10 | 10 | 9 |
| 강수량 | 32 | 9 | 31 | 2 | 1 | 2 | 10 | 2 | 1 | 1 | 1 | 4 |

★ 위 표의 수치는 평균치이며 변경될 수 있다

### 기후

5월부터 9월까지가 여름으로, 두바이와 아부다비의 낮 기온은 40℃~48℃, 습도는 30~100%이다.

그러나 동부 해안 지역 및 북부 산악 지역은 기온이 더 낮을 수 있다. 내륙 사막 지역은 더 덥지만 습도가 적기 때문에 해안 지역보다 더위를 견디기가 수월하다. 겨울 동안 UAE 전 지역의 기온은 더 떨어지게 된다. 그러나 주요 도시에 비가 내리는 경우는 드물다.

## 여행정보

### 공항 정보

■ 두바이 – 두바이 국제공항은 시내 중심부에서 약 5Km거리에 있다. 공항 전화번호는 04 224 5555, 에미레이트 항공 사무소 전화번호는 04 216 2745이다.

■ 아부다비 – 아부다비 국제공항은 시내 중심부에서 약 38Km 떨어져 있다. 공항 전화번호는 02 575 7500이다.

### 세관

면세품 허용 범위 – 1인당 담배 2,000개비 또는 시가 400개 또는 잎담배 2Kg. 증류주 2L와 와인 2L. 향수 200ml.

다음은 금지 품목입니다.
- 소형 화기 및 폭발물
- 마약, 독극물, 산업용 화학물 및 위험한 화학물
- 모든 종류의 외설물
- 개인용을 제외한 실에 꿰이지 않은 자연산 또는 양식 진주
- 와인, 증류주, 돼지 고기 제품

### 특별한 도움이 필요한 여행객
공공 지역에 장애인을 위한 시설이 늘어나고 있다. UAE 정부는 특별요구 사항이 있는 여행객의 편의성 및 접근성을 향상시키기 위해 많은 노력을 기울이고 있다. 두바이 및 아부다비 국제공항, 주요 쇼핑몰, 극장, 대부분의 4성급 또는 5성급 호텔에는 특별히 지정된 주차 공간이 있다.

### 교통
지난 20여 년 동안 두바이는 도시 각 지역과 주변 지역을 연결하는 세계 정상급 도로망을 건설했다. 알 막툼(Al Maktoum)과 알 가르호우드(Al Garhoud) 두 다리와 신다(Shindagha)라고 하는 터널이 두바이 크릭 양안의 부르 두바이(Bur Dubai)와 데이라(Deira) 두 주요 지역을 연결한다. 주요 도시와 마을로 도로가 매우 잘 연결되어 있으며, 8차선 고속도로가 두바이에서 아부다비까지 남쪽으로 뻗어 있다.

■ 택시 − 두바이와 아부다비에서 택시는 가장 일반적인 교통 수단이다. 택시는 요금이 저렴하고 안전하며 효율적이고 운전 기사는 숙련되고 친절하다. 두바이에서 택시 미터기는 출발시 AED3으로 표시되고, 아부다비에서는 AED2로 표시되어야 한다.
시외로 나갈 경우 고정 요금이 적용될 수 있으며, 가격은 출발 전에 운전 기사와 합의해야 한다. 택시는 쇼핑몰과 호텔 주변과 번화가에서 이용할 수 있다. 두바이에는 3개의 택시 회사가 있다.
- Dubai Transport Corporation (전화: 04 208 0808),
- National Taxi (전화: 04 336 6611)
- Metro Taxi (전화: 04 267 2551)

■ **대중 교통 버스** – 기타 교통 수단으로는 현지 주민이 일반적으로 시내 버스(municipality buses)라고 부르는 버스가 있다. 두바이와 아부다비는 시내 전역을 운행하는 광범위한 버스 노선망을 갖추고 있으며, 버스 정류소 표지가 주요 도로에 눈에 잘 띄도록 설치되어 있다. 버스는 주요 쇼핑몰, 금시장 골드 수크(Gold Souk), 전통시장인 수크(Souk), 병원, 클럽, 호텔 근처에 정차한다.

■ **수상 택시 (water taxi)** – 두바이에서 부르 두바이와 데이라 사이의 크릭을 이동하는 흥미로운 교통수단으로 아브라(abra)라고 불리는 수상 택시가 있다.
아브라는 과거 두바이의 정취를 담고 있기 때문에 놓쳐서는 안되는 경험이 될 것이다.

■ **자가 운전** – 자동차를 렌트하는 것도 권장할 만하다.

### 비상 전화 번호
- 구급차 - 998
- 화 재 - 997
- 경 찰 - 999

### 의료 서비스
UAE의 병원은 현대적이며, 첨단 시설이 구비되어 있다.
■ **두바이의 추천 병원**
- Al Wasl Hospital, Wafi City 근처 (전화: 04 324 1111)
- Rashid Hospital, 영국 문화원 뒤 (전화: 04 337 1323)
- American Hospital, Karama, Lamcy Plaza 근처 (전화: 04 336 7777)
- Welcare Hospital, Al Garhoud, Airport Hotel 뒤 (전화:

04 282 7788)

### 약국 영업 시간
09:00~13:00 및 16:00~21:00(토요일-목요일),
16:00~21:00 (금요일)
라마단 기간
09:00~13:00 및 19:00~22:00(토요일-목요일)
19:00~22:00 (금요일)

### 근무 시간
- 일반기업

08:00~13:00 및 16:00~19:30(토요일-목요일)
라마단 기간 09:00~13:00 및 19:00~22:00(토요일-목요일)

- 다국적 기업

09:00~18:00(일요일-목요일)
라마단 기간 09:00~18:00(일요일-목요일)

- 정부 관청

07:30~14:30 (토요일-수요일)
라마단 기간 09:00~14:00 (토요일-목요일)

- 쇼핑몰

10:00~22:00 (토요일-목요일)
16:00~22:00 (금요일)

- 수크

09:00~13:00 및 16:00~22:00(토요일-목요일)
16:00~22:00 (금요일)

### 라마단 기간 동안 쇼핑몰 및 수크
10:00~13:00 및 19:00~01:00(토요일-목요일)
19:00~01:00 (금요일)

### 공휴일 (고정)
1월 1일 – 새해
8월 6일 – HH Sheikh Zayed bin Sultan Al Nahyan 취임일
12월 2일 – 건국 기념일
일부 기업에서는 크리스마스를 기념하기 위해 12월 25일에는 근무하지 않는다.

### 공휴일 (변동 가능)
Eid Al Fitr
Eid Al Adha
Hijra 새해
예언자의 생일
Lailat Al Mairaj (일명 Isra wal Mairaj)
Waqfat Al Arafat

### 시간대
GMT+4시간

## Out & About

### 스포츠 및 레저 활동

UAE는 세계 최고의 스포츠 시설을 갖추고 있어, 활동적인 휴일을 즐기려는 사람들에게 더없이 이상적인 곳이다. 유럽과 아시아의 최고 리조트에서 즐길 수 있는 다양한 레저 스포츠를 UAE에서도 그대로 즐길 수 있으며, 더 나아가서 이 지역에서만 즐길 수 있는 종목도 있다.

빙상 스케이트, 윈드서핑, 잔디 코스에서 즐기는 골프 및 사막에서 즐기는 모래 스키 등 다양한 스포츠 활동을 언제든지 즐길 수 있다. 이 외에 볼링, 테니스, 스쿼시, 소형 자동차 경주, 사격, 양궁, 승마, 낙타타기, 낚시 등의 레저 스포츠 활동도 가능하다.

### 쇼핑

■ 두바이

두바이의 가장 큰 매력 중 하나는 쇼핑이다. 이 지역의 나라들은 물론 유럽, 아프리카, 아시아의 여러 국가에서 수많은 쇼핑 관광객이 두바이를 방문하고 있다. 두바이는 수입 관세가 낮은 면세항으로, 가격이 저렴하고, 다양한 제품이 판매되고 있기 때문에 쇼핑의 천국으로 잘 알려져 있다. 많은 국제적인 브랜드 제품이 원산지 국가보다 두바이에서 더 저렴하게 판매되고 있다. 원하는 제품이 파리와 밀라노의 맞춤 여성복이든, 일본의 전자 제품이든, 베두인의 은제 보석류이든 두바이에서는 저렴한 가격으로 원하는 제품을 구입할 수 있다.

두바이의 주요 쇼핑몰로는 Deira City Centre, Al Ghurair City, Twin Towers, Hamarain Centre, Wafi City, BurJuman Centre, Century Mall, Mercato Mall, Lamcy Plaza, Jumeira Plaza, Palm Strip, Oasis Center, Al Mazaya Centre 등이 있다.

• 골드 수크는 18, 21, 22, 24 캐럿 금 제품을 구입하기에 가장 좋은 곳이다. 다양한 형태와 중량의 24캐럿 금괴와 22 및 24캐럿의 지금형 주화도 구입할 수 있다. 가격은 중량으로 결정된다.

• 스파이스 수크(Spice Souk)라고 불리는 데이라 수크(Deira Souk)는 전통적인 두바이의 정취를 느낄 수 있는 곳이다. 데이라 수크는 향신료, 견과, 건과를 구입하기에 좋다.
부르 두바이(Bur Dubai)의 알 파히디(Al Fahidi) 거리와 데이라(Deira)의 나세르 광장(Nasser Square)은 소비재 및 전자제품으로 유명하다.

• 알 파히디 거리의 코스모스 레인(Cosmos Lane)은 동서양의 직물과 훌륭한 날염 면제품에서 매혹적인 양단에 이르기까지 다양한 제품을 판매하는 상점들이 줄지어 있다. 부르 두바이의 카라마(Karama)는 장난감, 가정용품, 직물, 패션

상품, 액세서리 등을 판매하는 상점들로 붐비는 할인 판매 지역이다.
흥정은 두바이에서 쇼핑하는 즐거움의 하나다. 부티크, 일부 전자 제품 상점, 백화점, 슈퍼마켓은 정찰제로 제품을 판매하지만 대부분의 판매점은 흥정을 당연하게 여긴다.

■ 아부다비
● 시내 중심가의 수크 - 수크나 지방 재래 시장에서의 쇼핑은 재미있을 뿐만 아니라 문화적 이해를 도와주며, 중동 지역 일상 생활의 중요한 단면을 엿볼 수 있게 해준다. 생선에서 가구에 이르기까지 판매되는 제품은 역사와 생활 양식에 대해 많은 것을 말해 준다.

● 센트럴 수크(Central Souk) 지역은 함단(Hamdan) 거리에서 거의 코니쉬까지 뻗어 있다. 신축된 수크에는 에어컨이 설치되어 있으며 하나의 지붕 아래에 상점이 늘어선 통로는 이슬람 전통 건축 양식을 보여준다.

● 아부다비의 쇼핑몰로는 Marina Mall, Liwa Centre, Dana Plaza, amcy Plaza, Italian Shopping Centre, Al Husn Plaza, Al Falah Plaza가 있다.

UAE 방문 기념품으로는 전통 커피 포트가 가장 적격일 것이다. 커피 포트는 아랍 생활 방식의 특징을 가장 잘 나타내는 상징이다.
1디르함 동전에도 커피 포트가 새겨져 있으며 아부다비의 웅장한 분수의 디자인에도 반영되었다. 골동품, 대량으로 생산된 기념품 또는 축소 모형, 그 어느 형태이든 커피 포트는 모두 훌륭한 선물이나 기념품이 된다.

● 베두인 보석 - 보통 두꺼운 은제품으로 가끔 보석이 박혀 있는 베두인 보석은 선물로 훌륭하다. 골동품 신부 서랍장은 매우 귀하고 가격이 상당히 비싸지만, 현대에 만들어진 서랍장은 황동판으로 마무리 되어 있으며 다양한 가격으로 즉시 구입할 수 있다. 이러한 제품은 골동품 상점, 쇼핑몰, 수크에서 판매되고 있다.

### 두바이의 명소

■ 버즈 알 아랍(Burj Al Arab)

'아랍의 탑'으로 번역되는 버즈 알 아랍은 페르시아만에 321m의 높이로 치솟은 돛단배 모양의 호텔 건축물로서 두바이의 상징이다.

독특한 양식의 이 건물은 해안에서 약 280m 떨어져 있는데, 완만한 곡선의 좁은 포장 도로로 연결된 인공섬 위에 우뚝 솟아 있다. 버즈 알 아랍에는 202개의 고급 스위트 룸과 세계에서 가장 큰 아트리움 로비가 있다.

■ 두바이 크릭(Dubai Creek)

두바이 현지인들 사이에서는 '코르 두바이(Khor Dubai)'로 알려진 두바이 크릭은 페르시아만에 위치한 소해협이다. 가끔 강으로도 오해되는 두바이 크릭은 북쪽의 데이라 구역과 남쪽의 부르 두바이로 도시를 양분하고 있다. 두바이의 두 주요 구역은 두 개의 다리와 터널로 연결된다.

석유가 발견되기 전에 이란과 기타 대륙에서 온 해상 상인들은 두바이 크릭을 통하여 상품을 두바이로 가져왔다. 오늘날에도 두바이 크릭의 데이라 쪽에서는 정박중인 아랍 전통 돛단배 다우선(Dhow)을 많이 볼 수 있다. 수상 택시 아브라를 타보거나, 아니면 다우선을 타고 로맨틱한 저녁 식사 여행을 즐겨 보는 것은 두바이에서의 또 다른 잊지 못할 경험이 될 것이다.

두바이 크릭의 끝자락에는 두바이 정부 소유의 '라스 알 코르 야생동물 보호구역(Ras Al Khor Wildlife Sanctuary)' 이라고 불리는 보호 조류 서식지가 있다.

■ 골드 수크 (Gold Souk, 금 시장)

두바이에서 가장 유명한 시장은 골드 수크, 즉 금 시장으로 금팔찌, 목걸이, 귀걸이가 반짝이는 상점이 좁은 거리를 따라 일렬로 길게 늘어서 있다. 가격은 매우 저렴하며 디자인과 공예 기능이 아니라 금의 중량으로 결정된다.

■ 셰이크 사에드 알-막툼 저택 (Sheikh Saeed Al-Maktoum's House)

1800년대 말로 그 건축연대가 거슬러 올라가는 셰이크 사에드 저택은 통치자가 발코니에서 해운 활동을 지켜볼 수 있도록 세워진 건축물로서, 전략적으로 중요한 두바이 크릭 어귀에 위치하고 있다. 중앙 마당을 중심으로 윈드 타워와 여러 층의 방이 들어차 있는 이 건물은 전형적인 이 지역 건축양식을 보여준다. 이 저택은 개축되어 현재 일반 대중에게 공개되고 있다.

■ 두바이 박물관 (Dubai Museum)

두바이 박물관이 들어서 있는 알 파히디 요새(Al Fahidi Fort)는 또 하나의 인상적인 건축물이다. 이 요새는 도시로의 육로 접근을 막는 역할을 했다. 1799년경에 세워진 이 요새는 궁전, 성채, 감옥으로 사용되다가, 1970년에 개축되어 현재 박물관으로 사용되고 있다. 그 후 계속된 복원 작업과 추가적인 화랑의 건축을 거쳐 1995년에 현재의 모습을 갖추

었다. 이 박물관은 현재 실물크기의 인물상과 음향 및 조명 효과를 갖춘 화려하고 회고적인 입체 모형을 전시하고 있으며, 두바이 크릭의 풍경과 함께 석유가 발견되기 전 일상 생활과 아랍 전통 가옥, 회교 사원, 수크, 대추 야자 정원, 사막, 해양 생활을 생생하게 보여 주고 있다. 또한 알 구사이스(Al Ghusais)의 3,000~4,000년 전 무덤에서 발견된 순동, 설화 석고, 도자기 등도 전시하고 있다.

■ 주메이라 모스크 (Jumeira Mosque)

규모가 크고 아름다운 이슬람 회교사원인 주메이라 모스크는 장엄한 현대 이슬람 건축물의 전형이다. 중세 파티미드(Fatimid) 전통에 따라 석재로 세워진 이 회교 사원은 한 쌍의 뾰족탑과 장엄한 돔이 있으며, 역사적으로도 중요한 건물이다. 주메이라 모스크는 섬세한 조명을 받아 그 예술성을 드러내는 야간 경관이 특히 매력적이다.

이 정교하고 인상적인 회교 사원은 두바이에서 사진 촬영이 가장 많이 이루어지는 곳이다. '셰이크 모하메드 문화 이해 증진 센터(Sheikh Mohammed's Centre for Cultiral Understanding)' 에서 주관하는 주메이라 모스크 관람은 매주 화요일에 실시된다.

■ 골드 앤 다이아몬드 파크 (Gold and Diamond Park)

전세계 주요 보석 제조업체들이 정교함을 생명으로 하는 이 단지에 입주해 있다. 이곳에 기반을 둔 소매업체들은 금과 다이아몬드 보석류의 자체 제조 시설을 갖추고 각 상점에 납품하고 있다. 이곳 상점에서는 황금과 백금뿐만 아니라 자주색 금, 양식 진주, 타히티 흑진주, 호주 남해산 분홍빛 백진주와 크림색 백진주 등이 판매된다. 이곳에서는 또한 전통 진열관과 박물관을 통해 UAE의 고품질 보석류 생산의 역사를 둘러볼 수도 있다. 파크 외부는 아랍 건축 양식을 따르고 있으며, 내부는 공간이 넓고 시원하며 깨끗하고 편안하다.

■ 버즈 나하르 (Burj Nahar)
1870년경에 세워진 나하르 탑은 고대 도시의 동쪽과 북쪽을 감시하는 세 망루 중 하나였다. 오늘날 복원된 데이라의 버즈 나하르는 아름다운 정원이 그 자랑이며, 특히 사진가들에게 인기가 있다.

■ 바이트 알 와킬 (Bait Al Wakeel)
1934년에 셰이크 라시드 알-막툼이 건축한 바이트 알 와킬은 두바이 최초의 사무실 건물이다. 아브라 선착장과 가까운 두바이 크릭의 가장자리에 위치한 이 건물은 완벽하게 복원되어, 현재 두바이의 어업 및 해양 전통 박물관으로 사용되고 있다.

■ 헤리티지 빌리지 (Heritage Village) 및 다이빙 빌리지 (Diving Village)
전통 아랍 마을로 설계된 헤리티지 빌리지는 두바이 크릭의 어귀 가까이에 위치하고 있다. 지역 도예가와 직공이 공예 작품을 전시중이며, 방문객은 시간을 거슬러 올라가 두바이의 전통 유산을 엿볼 수 있다. 다이빙 빌리지는 전체 신다가 지역을 문화적 축소판으로 변모시켜 과거의 두바이 생활을 재현하려는 야심찬 계획의 일부이다.

■ 알 붐 투어리스트 빌리지 (Al Boom Tourist Village)
크릭사이드 공원 옆에 위치한 이 빌리지는 2,000석의 연회실, 커피숍, 레스토랑, 유원지, 관상용 호수, 5척의 유람선이

정박 가능한 선착장을 갖추고 있다.

■ 움 알 셰이프 마지리스 (Umm Al Sheif Majlis)
전임 두바이 통치자의 여름 휴양지로, 현재 일반에게 공개되고 있다. 움 수퀘임(Umm Suqueim) 해안 지역에 1950년대 초 건설된 마지리스는 전통적인 팔라지 관개시설을 재현한 정원이 있다.

■ 알 바스타키야 (Al Bastakiya)
오래된 바스타키야 구역에는 좁은 길과 높은 윈드 타워가 남아 있는데, 흥미로운 두바이의 옛 모습을 엿볼 수 있다. 알 파히디 요새 동쪽과 접해 있는 바스타키야는 윈드 타워가 설치된 두바이의 전통 주택들이 가장 많이 밀집되어 있는 지역이다.
과거, 두바이는 크릭 양쪽에 늘어선 윈드 타워로 유명했다. 윈드 타워는 단순한 장식이 아니라, 전기가 들어오기 전까지 집을 시원하게 해줄 수 있는 유일한 수단이었다. 바스타키야는 현재 개축작업이 진행중이며, 공사가 모두 끝나면 박물관, 문화 센터, 레스토랑, 화랑을 갖춘 작은 관광 마을로 변모할 예정.

■ 와일드 와디 (Wild Wadi)
와일드 와디는 테마 수상 공원으로 수상 오락을 즐기고 싶을 경우 꼭 방문해야 할 곳이다. 이 수상 공원에 설비된 20여 개의 놀이기구는 잊을 수 없는 추억을 안겨줄 것이다.

■ 원더랜드 (Wonderland)
18헥타르 규모의 가족 오락 공원으로 다양하고 재미있는 수상 오락 시설을 완비하고 있다. 한 번에 최대 8,000명의 방문

객을 수용할 수 있는 원더랜드의 수상 놀이 기구 중에는 고속 미끄럼틀, 서프힐스, 트위스터, 웨이브러너, 캐러비안 크루즈 등이 있다. 또한 물안개 쇼가 공연되며 얇은 수막 위에 비디오가 영사되는 수상 극장 등 공원 곳곳에 다채롭고 이색적인 시설물들이 가득하다.

■ 유적 발굴지

두바이의 고대 유적 발굴지는 알 구사이스(Al Ghusais), 알 수푸우(Al Sufooh), 주메이라(Jumeira)에 있다. 알 구사이스와 알 수푸우 유적 발굴지는 2,000년 이상된 고분이다. 주메이라 발굴지에서는 7세기에서 15세기 사이의 유물들이 출토되었다.

아직 일반에게 공개되지는 않았지만, 관광객 또는 관광 회사가 두바이 박물관의 승인을 받을 경우 이러한 유적 발굴지를 방문할 수 있다.

## 두바이의 흥미로운 곳

■ 사막

두바이의 사막은 매력적이고 숨이 멎을 듯한 경관을 제공한다. 아라비아 역사와 신화는 수세기 동안 사막을 중심으로 전개되어 왔으며 수세대 동안 캐러반 대상 행렬의 용맹스러운 이야기가 전해지고 있다. 오늘날도 과거와 동일한 사막의 신비를 체험할 수 있으나 그 체험 방식은 약간 다르다. 즉, 사막의 모래 언덕 자동차 운전, 모래 스키, 야영, 낙타 타기, 매 사냥 등을 즐길 수 있다. 사막은 두바이에서 약 50Km 정도 떨어져 있다.

■ 하타(Hatta)

하타는 그 역사가 2,000년 전으로 거슬러 올라가며, 두바이에미레이트에서 가장 오래된 유적으로 인정되고 있다. 하타는 하자르산맥의 낮은 구릉의 아름다운 계곡에 위치하고 있는데, 여기에서 사막이 굽이치는 산맥과 만난다. 하타의 촌락은 요새화된 건물로 유명하며 현재 전통적 양식으로 완벽하게 복원된 가옥이 약 30채 있다.

이곳의 와디 하타(Wadi Hatta)는 4륜 구동 자동차로 탐험을 시도해 볼만한 최고의 기회를 제공하고 있다.

산 속 깊은 곳으로 들어가면 수정처럼 맑은 담수로 가득 차 뜨거운 날에 수영하기 좋은 자연 연못 하타 풀스(Hatta Pools)와 만날 수 있다.

### 아부다비의 흥미로운 곳
- 알 호슨 궁전 (Al Hosn Palace)

아부다비에서 가장 오래된 건물로 보통 '구요새(Old Fort)' 또는 '화이트 요새(White Fort)' 라고 한다.

- 올드 수크 (Old Souk)

혼잡한 아부다비 거리에서 벗어나, 이 오래된 재래 시장의 유적 사이를 여유롭게 거닐며 옛날 시장의 모습을 느껴 보는 것도 또 다른 즐거움이 될 것이다.

### 알 아인의 흥미로운 곳
- 이스턴 요새 (Eastern Fort) 및 알 아인 박물관 (Al Ain Museum)

요새와 박물관은 동일한 장소에 세워져 있다. 박물관의 베도인 마지리스에서는 1960년대의 독특한 알 아인 사진을 볼 수 있고, 수백년 전으로 거슬러 올라가는 초기 유물들도 볼 수 있다. 이스턴 요새는 UAE의 HH 셰이크 자에드 빈 술탄 알 나얀 대통령의 출생지이다.

- 가축 시장 (Livestock Souk)

브라민 소에서 페르시아 고양이에 이르는 모든 가축을 판매하는 독특한 시장이다. 이 시장은 상당히 번화한데, UAE 전역과 오만 북부 지방의 사람들이 이 시장을 찾는다.

### 샤르자의 흥미로운 곳
- 샤르자 고고학 박물관

이 박물관은 반드시 관람해야 할 곳 중 하나이며, 특히 고고학에 관심이 있을 경우 더욱 그렇다. 전시품의 유지 관리 상태는 상당히 양호하며 영어, 프랑스어, 아랍어로 설명되어 있다.

- 샤르자 과학 박물관 및 천문관

교육적이면서도 재미있는 곳으로 쌍방향 전시 위주로 되어 있어 쉽게 시간을 보낼 수 있다.

### 푸자이라의 흥미로운 곳

푸자이라는 UAE 동부 해안에 위치하고 있으며, 아직 개발되지 않은 아라비아해의 보석이다. 역사적으로 볼 때 푸자이라는 예수 탄생 이전으로 그 역사가 거슬러 올라간다.

푸자이라는 면적 1,450평방미터에, 산, 평야, 해안, 사막으로 이루어진 독특한 경관을 자랑한다. 푸자이라의 주요 도시와 마을은 Dibba, Murbeh, Qidfa, Al Bidiyah, Masafi, Al-Siji 등이다. 오늘날 푸자이라는 현대적 시설과 편의 시설을 갖추고 있으며, 현대적인 고속도로로 UAE의 주요 도시와 연결되어 있다.

산악 지대 탐험, 수상 스포츠 활동, 고대 및 현대 아라비아 문화 체험이 푸자이라의 매력이다.

■ 푸자이라 요새 (Fujairah Fort)
주요 도시에서 불과 2Km 떨어진 곳에 위치한 이 거대한 성은 1670년에 셰이크 모하메드 빈 마터 알 샤르키가 건설했다. 이 요새는 크게 세 부분으로 나뉘어져 있는데, 몇 개의 건물과 탑이 있으며 옛 푸자이라 지역에 둘러싸여 있다.

■ 알 하일 요새 (Al Hail Fort)
270~300년 전에 건설된 이 요새는 푸자이라 시에서 남서쪽으로 약 12Km 떨어진 곳에 있다.

■ 알 비디야 모스크 (Al Bidiyah Mosque)
UAE에서 가장 오래된 회교 사원으로(약 500년의 역사) '오토만 모스크(Ottoman Mosque)'라고도 불린다. 이 사원은 1600년에 건축되었는데, 푸자이라의 북쪽 38Km 지점에 있으며 알 비디야 시에서 가깝다.

■ 알 푸자이라 박물관 (Al Fujairah Museum)
푸자이라 시내에 소재하고 있으며, 역사적으로 시대가 다른 유적과 에미레이트의 전통 민속품을 전시하고 있다.

■ 알-와리야 계곡 (Al-Wariya Valley)
푸자이라 시에서 북쪽으로 32Km 떨어져 있는 이 계곡에는 장관을 이루는 폭포가 있다.

■ 푸자이라의 와디
푸자이라는 그 지질학적 지형 때문에 이 지역에서 어디에서든 손쉽게 와디를 발견할 수 있다. 푸자이라의 주요 와디로는 마사피(Masafi)의 Wadi Siji, Wadi Saham, Wadi Mai 및 Dibba의 Wadi Al Abadalah 등이 있으며, 이곳에서는 와디

사파리 여행을 즐길 수 있다.

- 아인 마드밥 온천 (Ain Madbab Spring)
푸자이라 시의 메드합 지역에 있다.

- 아인 고모우르 온천 (Ain Ghomour Hot Spring)
푸자이라 시에서 남서쪽으로 20Km 지점에 있다.

### 유용한 정보

라마단 금식월 기간 동안은 주간에 공공연한 식사, 음주, 흡연이 엄격하게 금지된다. 군사 시설이나 현지 여성의 사진 촬영은 삼가야 한다. 공공연한 음주는 금지되어 있으며, 도시의 많은 건물 내에서 흡연할 수 없다.

강렬한 햇빛으로부터 눈을 보호하기 위해 좋은 품질의 선글라스를 착용하고, 안경을 착용하는 사람은 감광 렌즈를 사용할 것을 권장한다. 여름에 외출할 때는 머리를 보호하기 위해 모자나 기타 보호물을 착용한다.

### 언어

공식 언어는 아랍어이나 상용어로 영어가 널리 사용된다. 그리고 파르시어, 힌디어, 우르두어도 널리 사용된다.

### 팁

팁 관행은 세계 대부분의 다른 지역과 유사하다. 일부 레스토랑은 봉사료를 포함하지만, 그렇지 않을 경우 팁 금액은 총 청구액의 10퍼센트가 적절하다.

### 옷차림

남자에게 적합한 사무실 복장은 가벼운 바지, 소매가 긴 셔츠 또는 짧은 셔츠와 넥타이다. 공식적인 관공서 방문 또는 중요한 업무 회의시 재킷을 착용해야 한다. 여성의 경우 출근시 가벼운 면 또는 린넨 정장이 좋다. 덥고 습도가 높은 날씨 때문에 평상복으로 면 의류를 흔히 착용한다. 비키니 등 모든 종류의 해변복이 허용되나 해변 또는 수영장에서만 착용할 수 있다.

UAE 현지 여성은 드레스 위에 아바야(Abaya)라고 하는 전통 검정 의복을 착용하며 남성은 디쉬다샤(Dishdasha)라고 하는 보통 흰색인 길고 가벼운 의상을 입는다.

### 전기

220/240볼트, 50사이클 AC. 미국산 기기는 어댑터가 필요하다.

### 안전을 위한 주의 사항

UAE는 범죄가 거의 없는, 세계에서 가장 안전한 지역이다. 어두워진 후에 거리를 걸어 다녀도 안전하다. 그러나 호텔에서 제공하는 안전 금고에 귀중품과 여권을 보관하는 것이 좋다.

**두바이, 기적의 리더십**

1쇄 발행   2006년 8월 17일
6쇄 발행   2007년 1월 9일

**지은이**   최홍섭
**펴낸이**   박영발
**펴낸곳**   W 미디어
**디자인**   이정애
**등 록**   제2005-000030호

**주 소**   서울 양천구 목동 907 현대월드타워 1905호
**전 화**   6678-0708
**팩 스**   6678-0309

ISBN 89-91761-06-2 03320
값 10,000원

*사진자료를 제공해주신 에미레이트항공에 감사드립니다.